Gisela Mühlenberg

Kritzeln-Schnipseln-Klecksen

Erste Erfahrungen mit Farbe, Schere und Papier
und lustige Ideen zum Basteln mit Kindern ab 2 Jahren
in Spielgruppen, Kindergärten und zuhause

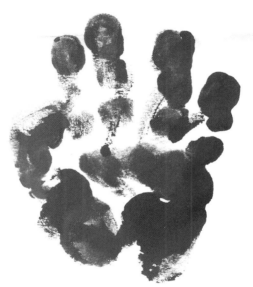

Illustrationen von Susanne Szesny

Ökotopia Verlag, Münster

IMPRESSUM

Autorin:
Gisela Mühlenberg

Mitarbeit:
Bernd Mühlenberg

Titelgrafik und Illustrationen:
Susanne Szesny, Duisburg

© 1996 by Ökotopia Verlag, Münster
6 7 8 9 10 11 12 13 14 15 · 2012 2011 2010 2009 2008 2007 2006 2005 2004

CIP-Titelaufnahme der Deutschen Bibliothek

Kritzeln - Schnipsen - Klecksen : erste Erfahrungen mit
Farbe, Schere und Papier und lustige Ideen zum Basteln mit
Kindern ab 2 Jahren in Spielgruppen, Kindergärten und zu
Hause / Gisela Mühlenberg. Ill.: Susanne Szesny. - Münster :
Ökotopia-Verl., 1996
  ISBN 3-925169-96-2

INHALTSVERZEICHNIS

VORWORT DER AUTORIN...5

WEGWEISER DURCH DIESES BUCH...6
Aufbau des Buches...6
Altersangaben..7
Bilderbuchtips und Spielideen..8

KRITZELN, SCHNIPSELN UND KLECKSEN –
DAS MACHT JEDEM KIND SPAß, ODER?!.....................................9

SPAß, PHANTASIE UND KREATIVITÄT BEI KINDERN FÖRDERN! ABER WIE?.....11
Tips zur Unterstützung der Kinder..11
Der einladende Arbeitsplatz...12
Eine Pinnwand für die Kunstwerke..13

ERSTE ERFAHRUNGEN MIT FARBEN, PAPIER UND ANDEREN MATERIALIEN......14
Kritzeln mit Bunt- und Wachsmalstiften......................................14
Spielen mit Fingerfarben..22
Experimentieren mit Wasserfarben..26
Matschen und Formen mit Salz-Mehl-Teig, Knete und Ton............29
Schnipseln und Kleben von Papier, Wolle und Strohhalmen...........34

EINFACHE BASTELANREGUNGEN MIT VERSCHIEDENEN MATERIALIEN.....38
Farbe - Papier - Klebstoff..40
Pappe - Bierdeckel - Pappteller..62
Papprollen - Schachteln - Eierkartons.......................................77
Wolle - Stoff - Watte...94
Salz-Mehl-Teig - Knete - Ton..109

WELCHES ANGEBOT IST FÜR WELCHES ALTER DER KINDER GEEIGNET?.....118

ALPHABETISCHES VERZEICHNIS DER MAL- UND BASTELANREGUNGEN.........123

LITERATURVERZEICHNIS...124

ZUR AUTORIN..125

VORWORT DER AUTORIN

Es ist Dienstagmorgen, und die Eisbären-Spielgruppe trifft sich in der Familienbildungsstätte. Fünf Kinder sitzen vergnügt am Tisch und matschen und kneten voller Begeisterung mit Salz-Mehl-Teig, während sich drei andere Kinder in der Polsterecke gemeinsam eine Höhle bauen. Die Eltern sitzen zusammen mit ihren Kindern am Tisch und sind fasziniert von deren Ausdauer und Hingabe. Sie beobachten, wie die Kinder Kugeln rollen und Würstchen drehen, wie sie Brötchen und Pizza backen und diese mit Messern zerschneiden.

Es ist die Phantasie und Kreativität der Kinder, die wir in solchen Situationen bewundern können. Wir sind sicherlich auch deshalb so beeindruckt, weil die Kinder noch über jene Phantasie und Spontaneität verfügen, die uns als Erwachsenen im Laufe unserer Entwicklung oftmals verloren gegangen ist.

Schön wäre es doch, wenn wir es schaffen könnten, unseren Kindern einen Teil ihrer Kreativität im Spiel und im Umgang mit Farben und Bastelmaterialien zu erhalten und sie in der Entwicklung von Initiative und eigenen Ideen zu fördern.

Dieses Buch will mit seinen Ideen und Anregungen interessierte Eltern, SpielgruppenleiterInnen und KindergärtnerInnen mit Kindern ab 2 Jahren auf eine Entdeckungsreise schicken. Auf eine Reise, auf der die Kinder ihre ersten Erfahrungen mit Farbe und Papier machen, mit Schere und Klebstoff umgehen lernen und auf der sie ihre ersten Bastelarbeiten erstellen können. Eine Entdeckungsreise, auf der den Kindern ein möglichst großer Freiraum für die Entfaltung ihrer Kreativität eingeräumt werden soll. Die Erwachsenen sind auf dieser langen, spannenden Reise für die Kinder wichtige Reisebegleiter. Sie regen die Kinder an, sprechen ihnen Mut zu, zollen ihnen Anerkennung und stehen ihnen bei Bedarf unterstützend zur Seite.

Mit diesem *etwas anderen* Mal- und Bastelbuch für Kinder hoffe ich, Eltern, SpielgruppenleiterInnen und ErzieherInnen viele Ideen und Anregungen geben zu können, mit denen sie ihre Kinder bei der Entwicklung ihrer Phantasie und Kreativität unterstützen werden.

WEGWEISER DURCH DIESES BUCH

Dieses Kapitel beinhaltet einige einführende und erklärende Worte zum Aufbau des Buches, zur Bedeutung der Altersangaben und zu den Bilderbuchtips und Spielideen, die den Umgang mit den zahlreichen Kreativangeboten in diesem Buch erleichtern sollen.

Aufbau des Buches

Im ersten Teil des Buches werden viele Anregungen und Tips für die ersten Erfahrungen der kleinen Kinder mit Stiften, Farben, Papier und Knetmassen vorgestellt. Hierbei wird deutlich, wie wichtig es ist, daß Kinder sich lange und ausgedehnt mit verschiedenen Farben und Materialien auseinandersetzen und diese ganz nach ihren Ideen und ihren Gesetzmäßigkeiten bearbeiten dürfen.

Der zweite Teil des Buches umfaßt verschiedene kleine Bastelarbeiten, die Kinder im jeweils angegebenen Alter mit geringer Unterstützung durch Erwachsene erstellen können. Wichtig ist, daß die Kinder hierbei genug Zeit und Raum haben, sich über diese oder jene Bastelarbeit hinaus kreativ mit den jeweils angebotenen Farben und Materialien zu beschäftigen. Auch die Erwachsenen sollten den in diesem Buch dargestellten Angeboten mit so viel Kreativität und Phantasie begegnen, daß sie die Ideen tatsächlich nur als Anregungen betrachten und es hin und wieder wagen, verschiedene Angebote auch mit anderen Farben, Materialien oder Techniken auszuprobieren.

In diesem Teil des Buches werden häufig Schablonen benötigt, mit denen die Kinder die Grundformen, wie z.B. den Baum, Löwen oder Igel, selbst auf ihre Pappe übertragen können. Die Eltern sollten diese Schablonen vor Beginn einer Bastelaktion anfertigen. Die Vorlagen hierzu finden sie auf dem speziellen Schablonenbogen hinten im Buch.
Im Anschluß an die beiden Kapitel befindet sich eine Tabelle, in der alle Mal- und Bastelanregungen noch einmal nach Alter der Kinder sortiert aufgeführt sind. Aus dieser Tabelle wird ersichtlich, welche Angebote für Kinder der verschiedenen Altersgruppen geeignet erscheinen und welche Techniken dabei verwendet werden.

Hinweis: Mit den Ideen zum Malen und Basteln in diesem Buch richte ich mich an Eltern, SpielgruppenleiterInnen und KindergärtnerInnen. Im folgenden Text spreche ich zur besseren Lesbarkeit des Buches aber nicht immer alle drei Personengruppen, sondern überwiegend die Eltern an. Selbstverständlich sind aber alle Anregungen für alle Erwachsenen gedacht, die mit Kindern etwas malen und basteln möchten.

Altersangaben

Zu allen Mal- und Bastelanregungen in diesem Buch habe ich eine Altersangabe gemacht, die die Auswahl eines altersgemäßen Angebotes für die Kinder erleichtern soll. Ganz bewußt habe ich hierbei keine Altersspanne angegeben, sondern nur festgehalten, ab welchem Alter das jeweilige Angebot für die Kinder interessant sein kann; das beinhaltet natürlich auch, daß z.B. eine Arbeit für Kinder ab 3 Jahren durchaus auch für Fünf- und Sechsjährige sehr geeignet sein kann. Diese *älteren* Kinder werden sich natürlich mit den Farben und Materialien schon mit ganz anderen Fertigkeiten und Vorstellungen beschäftigen, als es die kleineren Kinder tun könnten. Beim Schreiben dieses Buches habe ich sogar fasziniert feststellen können, daß meine nun inzwischen 10- und 12jährigen Kinder mit Begeisterung die Bastelideen gelesen und ganz eigenständig ausprobiert haben. Umgekehrt werden auch manche Kinder im Alter von 1¹/₂ Jahren schon Spaß daran haben, ein paar Linien mit Bunt- und Wachsmalstiften zu kritzeln oder Papier zu zerknubbeln oder zu zerreißen, auch wenn in den entsprechenden Kapiteln die Altersangabe *ab 2 Jahren* gemacht wurde. Diese Angaben sollen für die Eltern und SpielgruppenleiterInnen nur Anhaltspunkte bei der Angebotsauswahl sein.

Die unterschiedliche Entwicklung und vor allem die unterschiedlichen Vorerfahrungen der einzelnen Kinder bewirken, daß es immer wieder vorkommen kann, daß das jeweilige Angebot für das eine Kind noch sehr schwierig ist, während ein anderes dieses ohne große Schwierigkeiten bewältigt. Deshalb ist es angebracht, daß Eltern oder SpielgruppenleiterInnen selbst einschätzen, ob ihnen dieses oder jenes Angebot entwicklungsentsprechend für ihr Kind oder ihre Kindergruppe erscheint. Es ist aber auch nicht problematisch, wenn gelegentlich im Laufe einer Mal- oder Bastelaktion bei den Erwachsenen das Gefühl aufkommt, daß das Vorhaben doch noch zu schwierig ist. Dann ist es nur wichtig, daß sie dieses realistisch erkennen und sofort daraus die Konsequenz ziehen, die Kinder etwas anderes mit den Materialien und Farben ausprobieren zu lassen. Nur eine ständige Konfrontation der Kinder mit zu hohen Anforderungen ist problematisch, da dies auf Dauer sicherlich zur Konsequenz hat, daß die Kinder entmutigt werden und so ihren Spaß am Malen und Basteln verlieren.

Bilderbuchtips und Spielideen

Die Erfahrungen in Spielgruppen haben mir gezeigt, daß den Kindern das Malen und Basteln besonderen Spaß macht, wenn sie mit den Bildern und gebastelten Gegenständen später etwas spielen können oder diese Dinge (z.B. Tiere) in einem Bilderbuch wiederfinden, das ich ihnen anschließend vorlese. Deshalb habe ich bei einigen Bastelarbeiten solche weiterführenden Spielideen und Bilderbuchtips als Anregung mit angegeben.

Kritzeln, schnipseln und klecksen – das macht jedem Kind Spaß, oder?!

Die ersten Striche zaubern kleine Kinder meist rein zufällig auf ein Stück Papier. Sie sehen ihre Eltern mit Stift und Papier hantieren und versuchen dies nachzuahmen. Der freudige Gesichtsausdruck der Kinder bei diesen ersten Erfahrungen läßt erkennen, wie verwundert sie selbst über ihre ersten Produkte sind und wieviel Spaß sie daran haben, weitere dünne Kritzellinien zu ziehen. Haben sie die Möglichkeiten eines Stiftes erst einmal erkannt, folgen allerdings häufig - für die Eltern eher unliebsame - Aktionen, bei denen sie Tischdecken, Tapeten oder andere große Flächen *verschönern*.

In dieser Entwicklungsphase ist es wichtig, den Kindern gezielt verschiedene Stifte, Farben und große Papierbögen zur Verfügung zu stellen. Die Kinder sind auf das Angebot und die Anregung der Eltern angewiesen. Sie brauchen die Erwachsenen, die Interesse zeigen, ihnen Raum und Zeit zum Malen und Basteln geben, die ihnen Mut zusprechen und ihre Werke schätzen. Diese Zuwendung ist für die Kinder wichtig, was allerdings auch nicht zu übertriebenem Lob und grenzenloser Aufmerksamkeit führen soll.

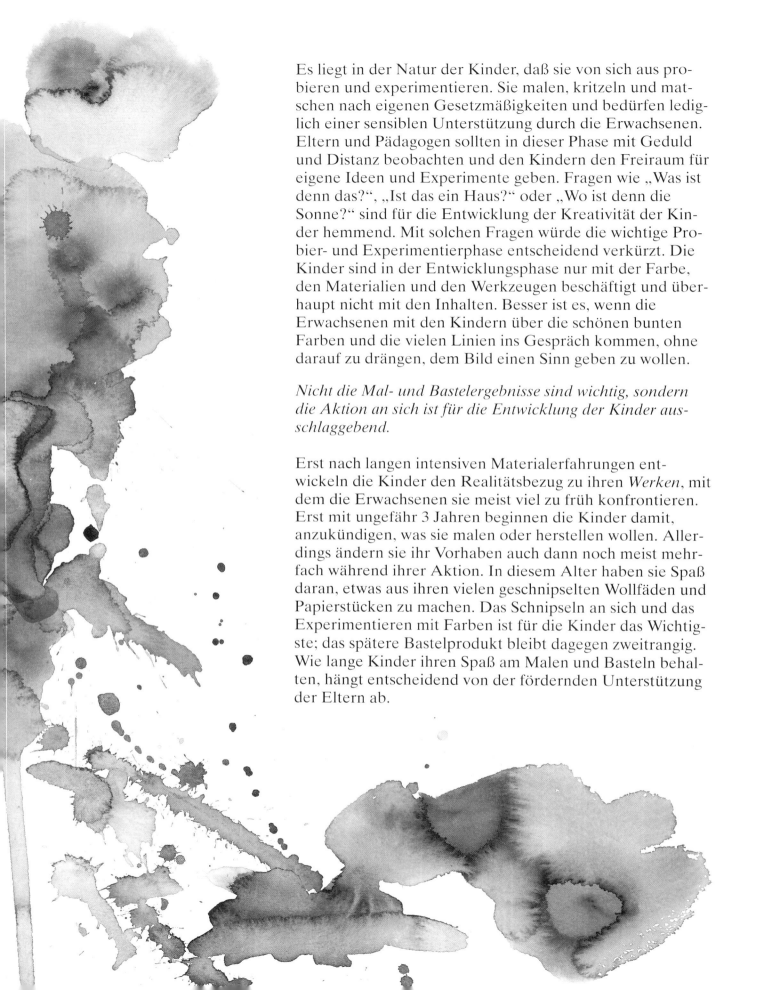

Es liegt in der Natur der Kinder, daß sie von sich aus probieren und experimentieren. Sie malen, kritzeln und matschen nach eigenen Gesetzmäßigkeiten und bedürfen lediglich einer sensiblen Unterstützung durch die Erwachsenen. Eltern und Pädagogen sollten in dieser Phase mit Geduld und Distanz beobachten und den Kindern den Freiraum für eigene Ideen und Experimente geben. Fragen wie „Was ist denn das?", „Ist das ein Haus?" oder „Wo ist denn die Sonne?" sind für die Entwicklung der Kreativität der Kinder hemmend. Mit solchen Fragen würde die wichtige Probier- und Experimentierphase entscheidend verkürzt. Die Kinder sind in der Entwicklungsphase nur mit der Farbe, den Materialien und den Werkzeugen beschäftigt und überhaupt nicht mit den Inhalten. Besser ist es, wenn die Erwachsenen mit den Kindern über die schönen bunten Farben und die vielen Linien ins Gespräch kommen, ohne darauf zu drängen, dem Bild einen Sinn geben zu wollen.

Nicht die Mal- und Bastelergebnisse sind wichtig, sondern die Aktion an sich ist für die Entwicklung der Kinder ausschlaggebend.

Erst nach langen intensiven Materialerfahrungen entwickeln die Kinder den Realitätsbezug zu ihren *Werken*, mit dem die Erwachsenen sie meist viel zu früh konfrontieren. Erst mit ungefähr 3 Jahren beginnen die Kinder damit, anzukündigen, was sie malen oder herstellen wollen. Allerdings ändern sie ihr Vorhaben auch dann noch meist mehrfach während ihrer Aktion. In diesem Alter haben sie Spaß daran, etwas aus ihren vielen geschnipselten Wollfäden und Papierstücken zu machen. Das Schnipseln an sich und das Experimentieren mit Farben ist für die Kinder das Wichtigste; das spätere Bastelprodukt bleibt dagegen zweitrangig. Wie lange Kinder ihren Spaß am Malen und Basteln behalten, hängt entscheidend von der fördernden Unterstützung der Eltern ab.

SPASS, PHANTASIE UND KREATIVITÄT BEI KINDERN FÖRDERN! ABER WIE?

Tips zur Unterstützung der Kinder

○ Sobald die Kinder Interesse an Papier und Stiften zeigen, sollten die Eltern ihnen die Möglichkeit geben, mit verschiedenen Stiften und Farben zu hantieren und zu experimentieren. Sie sollten den Kindern einen kleinen Platz in der Küche oder im Kinderzimmer einrichten, an dem sie jederzeit aktiv werden können.

○ Das Interesse der Eltern an den ersten Versuchen der Kinder ist für die Kinder wichtig. Die Eltern sollen ihnen Mut machen, ihnen Anerkennung zollen. Sie sollen sich ab und an zu ihnen setzen und ruhig einmal mit ihnen malen. Dabei sollen sie aber immer ein eigenes Blatt Papier verwenden und möglichst auf dem Entwicklungsstand der Kinder malen, d.h. sie malen auch Kreise, Punkte und Striche. Werden den Kindern ständig *perfekte* realistische Gemälde mit Häusern, Menschen und Tieren von den Eltern vorgemalt, wird die Entwicklung der Kreativität der Kinder stark gehemmt, mit dem Ergebnis, daß die Kinder den Erwachsenen bald das Blatt hinschieben und sie auffordern, etwas Schönes für die Kinder zu malen.

○ Die Kinder haben ihr eigenes Tempo, ihre eigenen Gesetzmäßigkeiten und Interpretationen.

○ Eltern sollen nicht fragen: „Was ist denn das?" und keine Resultate fordern. Sie sollten die *Kunstwerke* der Kinder nicht kritisieren und Experimente und Matschereien bereitwillig zulassen. Sie sollten versuchen, mit den Kindern in ein Gespräch zu kommen, bei dem die Kinder erzählen können, was sie gerade machen.

○ Die *Kunstwerke* sollten nicht weggeworfen werden. Die Eltern sollten sie aufhängen, die Kinder auffordern, sie an Freunde zu verschenken und viele Bilder in einer speziellen Mappe für die Kinder sammeln.

Der einladende Arbeitsplatz

Schön ist es, wenn Eltern den Kindern zu Hause an einem kleinen Tisch im Wohnbereich oder im Kinderzimmer einen Platz schaffen, an dem sie zu jeder Zeit Papier, Buntstifte und Wachsmalstifte vorfinden. So können die Kinder selbst bestimmen, wann und wie lange sie malen möchten. Sicherlich ist es zunächst sinnvoll, wenn die Eltern die Kinder bei den ersten Malaktionen im Auge haben. Aber bald werden sie sich darauf verlassen können, daß tatsächlich auch nur noch das dafür vorgesehene Papier bemalt wird.

Den Tisch decken die Eltern am besten mit einem Wachstuch ab und stellen ihn dann möglichst auf einen abwaschbaren Untergrund. Sollte er auf einem Teppichboden stehen müssen, lohnt es sich, ein Stück Linoleumboden zu kaufen und es unter den Tisch zu legen. Mit solchen Maßnahmen ersparen die Eltern sich selbst einigen Ärger und dem Kind die laufenden, nervenden Ermahnungen, Rücksicht nehmen zu sollen.

In der Nähe des Tisches, aber nicht unbedingt für die Kinder direkt zugänglich, können andere Materialien, wie Fingerfarben, Wasserfarben, Klebstoff und Scheren, die die Kinder immer wieder benötigen, gelagert werden.

Aus alten Herrenhemden können für die Kinder sehr gut Malerkittel gemacht werden, indem die Ärmel entweder ein Stück abgeschnitten oder ein Stück aufgerollt werden. Die Hemden werden den Kindern verkehrt herum angezogen und auf dem Rücken zugeknöpft. So brauchen Eltern und vor allem Kinder nicht befürchten, daß die Kleidung verschmutzt wird.

Aus einem schönen großen Karton können Eltern und Kinder gemeinsam eine Schatzkiste bauen, in der sie alle möglichen Papiere, Schachteln und Materialien sammeln, die sie zum Basteln gebrauchen können. Die Kinder können diese Kiste selbst anmalen oder bekleben, damit sie auch wirklich als *Schatzkiste* im Zimmer ins Auge fällt.

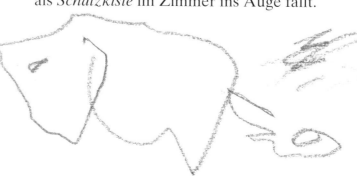

Eine Pinnwand für die Kunstwerke

Eltern sollten in ihrer Wohnung Möglichkeiten schaffen, wo die Bilder der Kinder aufgehängt werden können, damit sie genügend Anerkennung finden. Praktischerweise können sie eine große Pinnwand oder eine Holzleiste an der Wand anbringen, an die die Bilder geheftet werden können. Bilder, die dann später hiervon abgenommen werden, können in einer speziellen Mappe für jedes Kind gesammelt werden. Diese Sammelmappen können die Kinder selbst bemalen oder mit besonders gelungenen Bildern bekleben. Die Bilder sollten mit dem Datum und den Namen der Kinder beschriftet werden, bevor sie in die Mappen gelegt werden. An solchen Sammlungen werden Eltern und Kinder später einmal ihre große Freude haben.

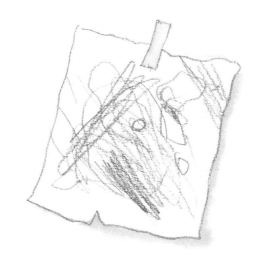

Erste Erfahrungen mit Farben, Papier und anderen Materialien

Kritzeln mit Bunt- und Wachsmalstiften

Im Laufe des zweiten Lebensjahres zeigen Kinder ein zunehmend wachsendes Interesse am Kritzeln mit Papier und Stiften. Sie ahmen die Erwachsenen zunächst nach und freuen sich riesig über ihre zunächst eher zufälligen Erfolge. Zu diesem Zeitpunkt sollten sie in Spielgruppen und zu Hause immer wieder die Möglichkeit haben, sich auf großen Papierbögen mit verschiedenen Stiften auszutoben.

Kinder malen Linien, Punkte und Spiralen mit Bewegungen, die vom ganzen Körper auf den Arm und die Hand übertragen werden und halten dabei meistens den Stift mit der ganzen Faust umschlossen. Erst im Laufe der Zeit verfeinern sie ihre Technik und entwickeln ihre feinmotorischen Fähigkeiten. Sie bleiben dabei sehr lange bei *abstrakten* Darstellungen. Die Kinder wollen keine bestimmten Gegenstände malen. Sie experimentieren mit Farben und Formen. Erst im 4. Lebensjahr entstehen die ersten gegenständlichen Darstellungen, wie *Kopffüßler*, Häuser oder Autos. Dabei beschränken sich die Kinder auf die für sie wichtigsten Merkmale. So besteht der Mensch meist zunächst nur aus Kopf, Augen und Beinen (Kopffüßler) und ein Auto aus riesigen Rädern und einem Gehäuse.

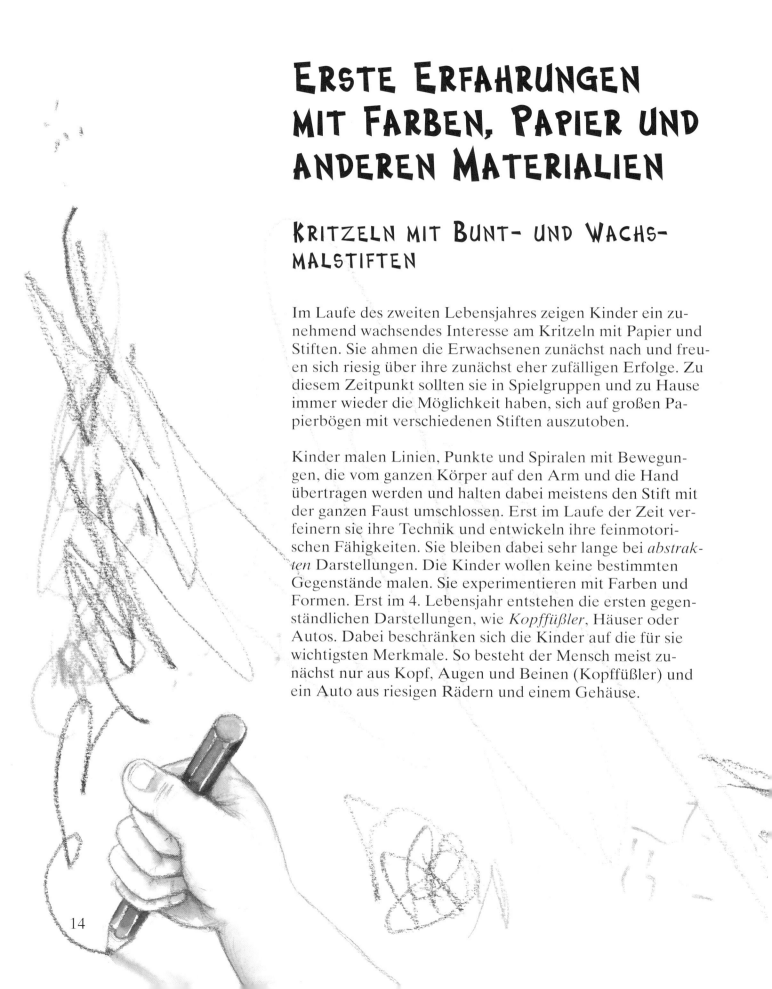

Im Verhältnis zu anderen Fähigkeiten der Kinder in diesem Alter entwickeln sich deren gestalterische Fähigkeiten nur sehr langsam. Sie malen ganz nach eigenen Gesetzmäßigkeiten, die die Erwachsenen ihnen auch lassen sollten.

In ihrer weiteren Entwicklung malen Kinder immer differenzierter. Sie malen das, was sie wissen, was sie beobachten und was sie empfinden. Je sensibler und bewußter die Kinder ihre Umwelt wahrnehmen, um so intensiver werden sie sich mit Papier und Stiften ausdrücken lernen. Fördern können wir Erwachsenen die Kinder, indem wir ihnen die Zeit und den Raum für ihre Experimente und Erfahrungen geben und indem wir ihre Wahrnehmungsfähigkeit schulen und stärken.

Material:
Buntstifte
großformatiges Papier

Alter:
ab 2 Jahren

Malen mit Buntstiften

Für die ersten Malversuche eignen sich für Kinder besonders die ganz dicken Buntstifte. Sie sind im Handel von verschiedenen Herstellern in Schachteln mit je 6 oder 12 Stiften und auch einzeln erhältlich. Diese Buntstifte haben den Vorteil, daß sie besonders farbintensiv und vor allem relativ bruchsicher sind. Man benötigt allerdings für diese Stifte auch einen besonderen, dicken Anspitzer. Eventuell müssen die Eltern diesen zunächst verstecken, da viele Kinder mit Vorliebe Stifte anspitzen. Und sobald sie die Technik erst einmal heraus haben, spitzen sie die teuren, dicken Buntstifte solange an, bis sie im Nu nur noch halb so groß sind.

Wenn die Stifte in einer Dose offen auf dem Kindertisch stehen, reizt es die Kinder besonders, hin und wieder etwas auszuprobieren. Große Papierbögen von Kalendern, Computerpapier und Tapetenreste eignen sich gut für alle Kindermalexperimente.

Malen mit Wachsmalstiften

Wachsmalstifte gibt es in vielen verschiedenen Ausführungen im Handel. Für kleine Kinder eignen sich für die ersten Malversuche besonders Wachsmalblöcke, da sie sehr gut in der Hand liegen und kaum zerbrechen. Die Kinder wünschen sich dann auch sehr schnell Stifte, wahrscheinlich, um die Eltern und ältere Kinder nachzuahmen.

Beim Kauf von Wachsmalstiften sollte überlegt werden, für welchen Zweck die Kinder die Stifte verwenden wollen. Es gibt inzwischen abwaschbare Wachsmalstifte, die leicht von Decken, Möbeln und Böden abzuwischen sind. Diese eignen sich nicht für bestimmte Bastelarbeiten (z.B. Bügeltechnik), sind aber für die alltäglichen Malaktionen der Kinder sehr gut geeignet und ersparen manch lästige Ermahnung. Während viele verschiedene Wachsmalstiftsorten in Schreibwarenläden erhältlich sind, sind bienenwachshaltige Stifte am besten in Bioläden zu finden.

Kinder knibbeln gerne die Papiere der Stifte ab. Dieses sollten die Eltern den Kindern ruhig gestatten, da sie dann die Stifte auch gut für flächiges Malen mit der Längsseite benutzen können. Wachsmalstifte sollten Eltern Kindern immer zur Verfügung stellen, damit sie immer ausgedehnt damit malen und experimentieren können.

Material:
Wachsmalstifte
Papier

Alter:
ab 2 Jahren

> **Material:**
> Wachsmalstifte oder
> Buntstifte
> Papier
>
> **Alter:**
> ab 2 Jahren

Regenbild

Während einer Malaktion kommen Kinder gelegentlich darauf, das Blatt mit Punkten zu übersäen. In solchen Situationen können die Eltern ein schönes Malspiel mit ihnen machen, was besonders reizvoll ist, wenn mehrere Kinder daran teilnehmen. Alle Kinder und Erwachsenen nehmen sich jeweils ein Blatt Papier und einen Stift. Alle sagen gemeinsam den folgenden Spruch auf:

> Regen, Regen, Tröpfchen
> fällt mir auf das Köpfchen,
> alle Kinder werden naß,
> alle Blumen lieben das.
> Regen, Regen, Tröpfchen.

Dazu malen sie lauter Punkte auf das Blatt. Dann tauschen alle ihre Stifte untereinander, und schon beginnt das Spiel von vorne. Dies kann beliebig oft wiederholt werden, bis alle zum Schluß ein schönes, buntes Regenbild vor sich liegen haben.

> **Material:**
> dicke Buntstifte oder
> Wachsmalstifte
> Papier
>
> **Alter:**
> ab 2 Jahren

Gewitterbild

Im Rahmen einer Malaktion mit Bunt- oder Wachsmalstiften können Kinder und Erwachsene schöne, bunte Gewitterbilder malen. Alle Kinder und Erwachsenen erhalten ein Blatt Papier und einen Stift und sagen gemeinsam den folgenden Text auf:

> Es regnet, es regnet,
> es tröpfelt, es tröpfelt,
> es hagelt, es hagelt,
> es blitzt,
> es donnert und...
> dann scheint die Sonne wieder.

Währenddessen malen alle dem Text entsprechend erst vorsichtig Pünktchen und dann zunehmend fester Punkte auf das Papier. Dann hageln die Stifte auf das Papier, zeichnen Zick-Zack-Blitzlinien und rollen mit Donnerkreisen darüber. Zum Schluß malen alle einen großen Sonnenkreis. Na, wenn das kein Gewitter war?! Vielleicht naht ja schon das nächste Gewitter in einer anderen Farbe.

Rubbelcollagen

Die Kinder entdecken oft selbst, welche interessanten Effekte sie erzielen können, wenn sie flächig mit Wachsmalblöcken oder mit Wachsmalstiftstückchen auf einem Papier malen, das auf einer strukturierten Unterlage liegt. Wenn ein Kind z.B. einmal auf dem Teppichboden zu malen versucht, merkt es, daß sich lustige Pünktchen auf das Papier durchdrücken.

Die Kinder können sich auf die Suche nach verschiedenen Materialien machen. So eignen sich z.B. Materialien wie Rauhfasertapeten, Strukturtapeten, Stücke von Linoleumböden, unbehandelte Holzflächen, Wellpappe, Kork, Blätter und strukturiertes Glas und Gegenstände wie große Legoplatten, Siebe, der Ablauf einer Spüle, Geldstücke und feine Gitter für diese Abdrucktechnik.

Den Kindern macht es Spaß, immer neue Untergründe zu suchen, die sie abdrucken können. Allmählich entwickeln sie dabei das Feingefühl, das sie für die verschiedenen Effekte benötigen. Sie dürfen nicht zu stark drücken, da das Papier sonst durchlöchert wird, und sie dürfen nicht zu leicht drücken, da ansonsten keine Effekte sichtbar werden.

Material:
Wachsmalstifte oder Buntstifte
Papier
verschieden strukturierte Unterlagen

Alter:
ab 3 Jahren

Material:
weißer oder
gelber Wachsmalstift
oder weiße Kerze
Wasserfarben
Papier
Pinsel
Fön

Alter:
ab 2 1/2 Jahren

Zauberbilder

Für diese Zauberbildtechnik eignen sich keine abwaschbaren Wachsmalstifte, da nur die bienenwachshaltigen Wachsmalstifte die gewünschten Effekte erzeugen.

Die Kinder malen mit einem weißen bzw. gelben Wachsmalstift oder mit einer weißen Kerze Kreise, Striche, Punkte und Muster auf das Papier. Dabei sollten sie die Muster mit großem Druck auf das Papier malen, damit möglichst dicke Wachslinien und Wachsflächen entstehen. Dann übermalen sie das ganze Blatt mit Wasserfarbe und stellen dabei erstaunt fest, daß die Linien und Punkte, die eben nicht oder nur kaum sichtbar waren, jetzt wieder hergezaubert werden. Dieser Überraschungseffekt entsteht dadurch, daß die Papierflächen unter den gemalten Linien durch das Wachs so konserviert werden, daß vom Papier an diesen Stellen keine Wasserfarbe angenommen wird. Die gemalten Linien und Flächen bleiben so weiß, während der ganze Hintergrund im gewählten Wasserfarbton eingefärbt werden kann.

Wenn die Kinder beim ersten Farbauftrag einen hellen Wasserfarbton wählen, können sie das Bild trocknen lassen, es erneut mit hellen Wachsmalstiften bzw. mit der Kerze bemalen und dann mit einer dunkleren Wasserfarbe übermalen, so daß ihr Bild anschließend aus gemalten Linien in zwei verschiedenen Farben und einem dunklen Hintergrund besteht. Damit die Kinder nicht solange zwischen den Farbaufträgen warten müssen, können sie die Bilder mit einem Fön trocknen. Aber Achtung, der Fön darf nicht zu nah an das Papier gehalten werden, da sonst das aufgemalte Wachs zerfließt! Vielleicht helfen die Eltern den Kindern dabei.

Spielen mit Fingerfarben

Großen Gefallen finden kleine Kinder auch an Fingerfarbenmalereien. In Spielgruppen erfahre ich immer wieder, daß Eltern das Malen mit Fingerfarben zu Hause gerne vermeiden, da es für sie mit einer zu großen Schmiererei verbunden ist. Für die Kinder ist aber gerade die Erfahrung mit dieser Farbe ein ganz besonderes Erlebnis, denn mit keiner anderen Farbe lassen sich so schöne, großflächige Farbexperimente durchführen. Deshalb sollten Eltern den Kindern diese tollen Erfahrungen auf jeden Fall ermöglichen.

Bei solchen Malaktionen ist es sinnvoll, in die Küche mit einem abwaschbaren Boden auszuweichen und den Tisch mit einem Wachstuch abzudecken. Die Kinder ziehen einen Malkittel an, und schon kann es losgehen. Im Sommer können diese Aktionen natürlich auch gut im Garten gestartet werden.

Fingerfarben sind in kleinen Farbtöpfchen mit ca. 100 ml Inhalt und in 750 ml-Nachfüllflaschen in Schreibwarenläden und Bastelgeschäften erhältlich. Die kleinen Töpfchen sind natürlich im Handumdrehen aufgebraucht, so daß sich die Anschaffung der großen Flaschen in den Grundfarben (rot, gelb, blau und grün) für die Arbeit mit kleinen Kindern auf jeden Fall lohnt.

Malen mit Fingerfarben

Schon Zweijährige malen gerne mit Fingerfarben. Sie begegnen den Farben zu Beginn allerdings sehr unterschiedlich. Die einen beginnen gleich ohne Hemmungen mit Fingern und Händen zu malen und zu matschen, während die anderen zunächst sehr vorsichtig und skeptisch vor der Farbe sitzen und andere agierende Kinder beobachten.

Hilfreich ist es, diesen zurückhaltenden Kindern zu Beginn einen Borstenpinsel zu geben. Hierüber finden alle irgendwann auch den Weg zum Malen mit Fingern und Händen. Die Kinder sollen ruhig viel Farbe verwenden, da dann das Matschen und Mischen erst richtig Spaß macht. Sie dürfen auch mit dem blauen Pinsel in den roten Farbtopf tunken und ganz nach ihren eigenen Ideen probieren und experimentieren. Kommentare. wie: „Iiiih, ist das eine Schmiererei! Schau mal, wie Du aussiehst! Komm, wir waschen mal Deine Hände! Jetzt hast Du doch bestimmt genug gemalt!" sollten die Eltern besser herunterschlucken. Die Kinder sollen malen, matschen und mischen dürfen, wie sie wollen. Erst wenn sich die Erwachsenen mit ihnen über die farbenprächtigen Ergebnisse freuen, macht es den Kindern auf Dauer Spaß. Auch solche Kunstwerke dürfen natürlich auf gar keinen Fall weggeworfen werden.

Material:
Fingerfarben
große und dicke Papierbögen
evtl. Pinsel (ca.1 bis 1,5 cm breit)

Alter:
ab 2 Jahren

Handabdruck

Kinder, die gerne mit viel Farbe und mit den ganzen Händen matschen, können sich ihre Hände mit Farbe einschmieren und sie dann auf ein Blatt Papier abdrucken. Selbstverständlich lassen sich auch die Füße gut auf Papier abdrucken. Die Kinder quietschen vor Vergnügen, wenn ihre Eltern ihnen die Füße mit dem Pinsel oder mit den Händen einschmieren. Diese Kunstwerke sollten auf jeden Fall verwahrt werden. Mit bunten Fingerfarbenbuchstaben können die Erwachsenen die Namen der Kinder und das Entstehungsdatum darunter schreiben. Es lohnt sich, für die Kinder eine Sammelmappe anzulegen, in der solche und andere Bilder aufgehoben werden können.

Material:
Fingerfarben
Papier
Pinsel

Alter:
ab 2 1/2 Jahren

Material:
Fingerfarben
Papier

Alter:
ab 2 ½ Jahren

Farbenmischzauber

Viele Kinder malen anfangs gerne nur mit einer Farbe, da sie zunächst ganz mit dem Material und weniger mit der Farbe beschäftigt sind. Nachdem die Kinder sich ausgiebig mit dieser einen Farbe beschäftigt haben, können sie einmal ausprobieren, was passiert, wenn sie z.B. einen großen, blauen Fleck mit einem gelben Klecks Farbe vermischen. Mit Fingerfarben kann man besonders gut mischen. Besonders spannend ist es für die Kinder, wenn ihnen jemand eine Geschichte von zwei Farbpunkten erzählt, die unbedingt einmal anders aussehen wollten. In der Geschichte werden die beiden Kleckse dann von einem Kind gemischt, so daß sie tatsächlich ihr Aussehen ändern und dann immer wieder die Farbe wechseln möchten. Erwachsene, die die Geschichte erzählen oder auch so mitmachen wollen, sollten auf jeden Fall auf einem eigenen Blatt Papier malen und experimentieren.

Bilderbuchtip:
Das kleine Blau und das kleine Gelb, Leo Leonni, Oetinger Verlag 1959
Kennt Ihr Blauland, Tina Rau, ANTex Verlag 1994

Klatschbilder

Besonders, wenn die Kinder mit ganz viel Farbe gemalt haben, kann man ihnen zeigen, was aus einem Bild wird, wenn es in der Mitte zusammengeklappt und wieder auseinandergezogen wird. Die Farben erhalten dadurch eine ganz andere Oberfläche, sie mischen sich, und es entstehen interessante Abdrucke, in denen Kinder oft in ihrer Phantasie bestimmte Figuren erkennen. Die Kinder sollen ihre Bilder selbst zusammenklappen, da sie sonst sicherlich über die Veränderung ihrer Werke verärgert wären.

Es gibt verschiedene Möglichkeiten des Klappens. Entweder bemalen die Kinder das ganze Blatt mit viel Farbe und klappen es an irgendeiner Linie aufeinander, oder aber sie bemalen nur eine Blattseite und klappen die leere Hälfte auf die bemalte Seite. Wenn die Kinder eine Art Kopie eines Bildes machen wollen, können sie ein leeres Blatt Papier auf ein zuvor dick bemaltes Blatt drücken und wieder abziehen. Hokus, pokus, und schon haben sie zwei ganz ähnliche Bilder herbeigezaubert.

Material:
Fingerfarben
Papier

Alter:
ab 2 Jahren

Pünktchenbilder

Mit den Fingerspitzen können die Kinder lustige Pünktchen mit Fingerfarben auf das Papier drucken. Kinder, die bislang nur den Pinsel zum Fingerfarbenmalen benutzt haben, finden häufig auf diese Art und Weise den Einstieg in das Malen mit den Fingern und den ganzen Händen. Bei diesem Einstieg ist es für die Kinder wichtig, daß die Eltern mit ihnen auch mit Fingern und Händen malen und drucken. Natürlich drucken die Erwachsenen auch hierbei wieder auf einem eigenen Blatt Papier.

Manchen Kindern macht es Spaß, wenn sie jeden Finger in eine andere Farbe tunken und dann versuchen, den roten Finger immer wieder nur in den roten Farbtopf und den blauen Finger in den blauen Topf zu tunken.

Das *Regen-* und *Gewitterbild* im Kapitel über Bunt- und Wachsmalstifte läßt sich auch sehr gut mit Fingerfarben herstellen.

Material:
Fingerfarben
Papier

Alter:
ab 2 Jahren

Experimentieren mit Wasserfarben

Das Malen mit Wasserfarben ist für die Kinder ein besonderes Erlebnis. Das Hantieren mit dem Pinsel und vor allem das Spielen mit Wasser ist für sie das reinste Vergnügen.

Der Umgang mit den üblichen Wassermalfarbkästen ist aber für kleine Kinder schwierig. Deshalb empfiehlt es sich, bei der Arbeit mit kleinen Kindern *Tempera-Wasserfarben* zu benutzen. Diese gibt es im Schreibwarenhandel einzeln als Farbtabletten (Pucks) mit einem Durchmesser von 4 cm und dazugehörige einzelne Plastiktöpfchen oder als Farbpaletten für acht Farbpucks zu kaufen. Die Farben sind wesentlich größer, farbintensiver und ergiebiger als die Farben in den Schulmalkästen. Eine solche Anschaffung lohnt sich für die ersten Malversuche der kleinen angehenden Künstler ganz bestimmt. Wenn in diesem Buch im folgenden also von Wasserfarben die Rede ist, sind diese *Temperafarben* gemeint.

Malen mit Tempera-Wasserfarben

Wenn Kinder mit Wasserfarben malen, sollte der Arbeitsplatz am besten mit einem Wachstuch und Zeitungen gut
abgedeckt werden. Außerdem sollten die Kinder unbedingt
einen Kittel anziehen, da die Farben erfahrungsgemäß nicht
gut auswaschbar sind. Bekommen Kleidungsstücke doch
einmal Flecken ab, sollten die Sachen sofort eine Zeit lang
eingeweicht, mit einem Fleckenmittel behandelt und anschließend wie gewohnt in der Waschmaschine gewaschen
werden.

Es ist sinnvoll, Kindern nur wenig Wasser in die Gläser zu
füllen, da sie hin und wieder umkippen. Da der Tisch aber
gut mit einem Wachstuch und Zeitungen abgedeckt ist, ist
dies dann nur halb so schlimm. Die Kinder können auch
etwas Wasser direkt in die Farbtöpfchen gießen. Dies hat
den Vorteil, daß kein Glas umkippen kann und daß das
Wasser schnell intensiv mit Farbe eingefärbt ist. Nun können die Kinder lange und ausgiebig ganz nach ihren Ideen
experimentieren. *Farbmischereien*, *Punkt-* und
Klatschbilder, wie sie in den vorangehenden Kapiteln
beschrieben wurden, lassen sich auch mit Wasserfarben herstellen.

Material:
Tempera-Wasserfarben
Papier
Pinsel
Wasserglas

Alter:
ab 2 Jahren

Material:
Tempera-Wasserfarben
Papier
Pinsel
Wasserglas

Alter:
ab 2 ¹/₂ Jahren

Material:
Tempera-Wasserfarben
Papier
Tapetenkleister
Glas für Kleister
Pinsel
Wasserglas
Gegenstände zum Kratzen

Alter:
ab 3 Jahren

Vorbereitung:
Kleister anrühren

Material:
Tempera-Wasserfarben
Schuhkartondeckel
Papier
Glasmurmeln
Pinsel

Alter:
ab 3 Jahren

Naß-in-Naß-Malerei

Das Element Wasser reizt die Kinder, wie bereits erwähnt, ganz besonders. Deshalb freuen sich die Kinder immer, wenn sie aufgefordert werden, erst einmal das ganze Papier nur mit Wasser einzupinseln. Dann können sie das nasse Blatt mit Wasserfarben bemalen. So entstehen besondere Effekte, da die Farben auf dem nassen Papier gut fließen und sich an den Übergängen interessant vermischen.

Kleistermalerei

In einem Schraubglas wird etwas Tapetenkleister mit Wasser angerührt. Vorsicht, denn die Kleistermasse wird mit der Zeit dicker und schnell zu fest! In einem kleinen Glas reicht meist wenig Pulver aus.

Dann können die Kinder das Papier mit dem Kleister einpinseln. Dies allein macht ihnen schon großen Spaß. Nun malen sie mit den Wasserfarben möglichst farbintensiv und flächendeckend über das Kleisterpapier. Mit dem Pinselende, Stöckchen oder anderen Stäben können die Kinder jetzt Muster in das *Kleister-Farb-Gemisch* kratzen. Ein Kamm eignet sich ganz besonders gut als Kratzinstrument. Dies ist eine Technik, bei der die Kinder mit den Farben gut experimentieren können.

Zaubern mit Glasmurmeln

Jedes Kind legt ein passend zugeschnittenes Blatt Papier in einen Schuhkartondeckel. In jedes Wasserfarbtöpfchen wird nun etwas Wasser gefüllt. Die Kinder färben das auf den Farbtabletten stehende Wasser intensiv mit Farbe ein, indem sie mit dem Pinsel die Farbe mit dem Wasser vermischen. Nun tunkt jedes Kind eine oder mehrere Glasmurmeln in eine Farbe, legt diese auf das Blatt in den Deckel und bewegt den Schuhkartondeckel hin und her. Die Glasmurmeln hinterlassen bunte Spuren auf dem Blatt. Nachdem die Kinder mehrere Murmeln in verschiedenen Farben über das Blatt gerollt haben, können sie ihr schönes Murmelbild zum Trocknen legen.

Matschen und Formen mit Salz-Mehl-Teig, Knete und Ton

Mit Begeisterung untersuchen kleine Kinder alle möglichen Gegenstände und Materialien. Sie fassen alles an, bewegen und untersuchen es. Auf diesem Wege erfahren und *be-greifen* sie ihre Umwelt. Dabei ist der besondere Spaß der Kinder, z.B. das Butterbrot zu zermatschen und den langsam aus der Flasche tropfenden Tee gleichmäßig auf dem Tisch zu verteilen, mehr die Erfahrung ihrer Umwelt als eine Herausforderung der Erwachsenen. Mit fortschreitendem Alter erst werden solche Gelegenheiten von den Kindern genutzt, um die Geduld der Eltern auf die Probe zu stellen und die gesetzten Grenzen auszutesten. So wichtig es sicherlich ist, daß Kinder lernen, daß der Pudding nicht zum Matschen auf dem Tisch steht und die Kartoffeln nicht über den Boden gerollt werden sollen, so wichtig ist es aber auch, daß sie Erfahrungen machen müssen, etwas anfassen, bewegen und verformen zu können. Deshalb ist es wichtig, daß die Kinder schon frühzeitig die Möglichkeit bekommen, z.B. beim Backen und Kochen im Alltag mitzuhelfen oder mit Salz-Mehl-Teig zu kneten.

Kneten mit Salz-Mehl-Teig

Material:
Salz-Mehl-Teig
kleine Kuchenrolle
Löffel
Gabeln
Modellierwerkzeuge

Alter:
ab 2 Jahren

Schon das Herstellen des Salz-Mehl-Teiges ist für Kinder ein besonderes Vergnügen. Die Kinder rühren mit Hilfe der Erwachsenen

1 kg Mehl
5oo g Salz
ca. $^1/_2$ l Wasser

mit einem Mixgerät mit Knethaken in einer Rührschüssel zusammen. Die letzten Mehlkrümel werden auf dem Tisch untergeknetet. Auch dabei können die Kinder schon gut helfen. Der fertige Teig wird an alle Kinder verteilt. Löffel, Gabeln, kleine Kuchenrollen und Gegenstände wie Zahnstocher und Holzstäbe, die sich zum Eindrücken eignen, werden als Werkzeuge auf dem Tisch bereitgelegt.

Die Kinder beginnen sofort, den Teig zu befühlen und einzudrücken. Sie zerrupfen und zerschneiden ihn, drehen Kugeln und Würstchen und malen Muster in die Masse. Sie bearbeiten die Masse lange und ausgiebig mit Händen und Werkzeugen.

Zum Schluß sammeln die Kinder den Salz-Mehl-Teig in einer Plastikschüssel ein. Im Kühlschrank ist er in einer verschlossenen Schüssel mehrere Wochen haltbar, so daß einige Male mit diesem Knetmaterial experimentiert werden kann. Salz-Mehl-Teig verändert zwar nach einiger Zeit die Konsistenz und wird immer fließender und zäher; in diesem Fall kann aber etwas Mehl untergeknetet werden, so daß sich der Teig anschließend wieder gut weiterverarbeiten läßt. Wichtig ist, daß die Erwachsenen die Kinder bei ihren Versuchen gewähren lassen und nicht eingreifen. Wenn sie mit den Kindern kneten, sollen sie etwas Eigenständiges formen, möglichst auf deren Entwicklungsstand, d.h. die Erwachsenen rollen z.B. auch Würstchen und Kugeln.

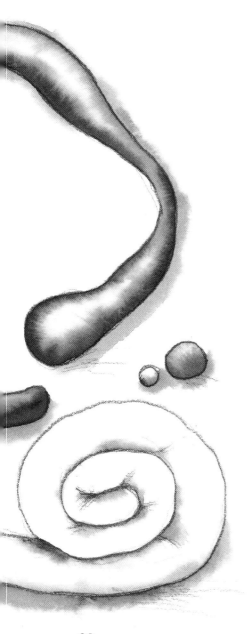

Formen mit Knete

Knete gibt es in den unterschiedlichsten Ausführungen zu kaufen. Es gibt Knete, die an der Luft trocknet und solche, die an der Luft lange ihre Konsistenz behält. Es gibt sie in vielen verschiedenen Farben; das macht sie für Kinder besonders reizvoll. Allerdings vermischen sich all diese leuchtenden Farben schnell zu einer einheitlichen grünbraunen Masse. Erwachsene sollten deshalb aber nicht verhindern, daß die Kinder die Farben zusammenmischen. Kleine Kinder stört dieser Farbverlust in der Regel nicht, da für sie die Tätigkeit des Knetens an sich die schönste Erfahrung ist.

Beim Arbeiten mit Knete erfahren die Kinder, daß Knete ganz andere Kneteigenschaften als Salz-Mehl-Teig hat. Der größte Vorteil der Knete besteht für Kinder darin, daß sie immer dann etwas kneten können, wenn sie Lust dazu haben und nicht darauf warten müssen, daß die Eltern eine große Knetaktion mit Salz-Mehl-Teig oder Ton mit ihnen veranstalten. Ein Nachteil besteht allerdings darin, daß Knetmassenreste sich manchmal schlecht vom Tisch und immer schlecht vom Teppichboden entfernen lassen. Dies ist sicherlich ein Grund dafür, daß Knete im Kinderzimmer bei vielen Eltern nicht so sehr beliebt ist.

Man kann sehr schöne, geschmeidige, ungiftige Knete selbermachen.

> Rezept:
> 2 Tassen Mehl
> 2 Tassen Salz
> 2 Tassen Wasser
> 2 Eßl. Speiseöl
> 2 Teel. Weinsteinsäure (aus der Apotheke)
> ein paar Tropfen Lebensmittelfarbe

Alle Zutaten werden in einem Kochtopf auf kleiner Stufe erwärmt und gut durchgerührt, bis ein großer Klumpen entstanden ist. Wenn die so entstandene Knete abgekühlt ist, soll sie in einem luftdichten Behälter kühl aufbewahrt werden. Dann ist sie lange haltbar und immer wieder verwendbar.

Material:
Knete
Modellierwerkzeuge
Messer
Gabeln
Brettchen
Förmchen

Alter:
ab 2 1/2 Jahren

Material:
Ton
Brettchen
Messer
Modellierstäbchen
Löffel
Gabeln

Alter:
ab 3 Jahren

Formen mit Ton

Das Material Ton hat wiederum ganz andere Kneteigenschaften als Salz-Mehl-Teig und Knete. Der Ton hat eine festere und kompaktere Konsistenz und ist dadurch für Kinder etwas schwerer zu bearbeiten. Außerdem trocknet er durch die Handwärme bei langer Bearbeitung schneller aus. Er hat aber den Vorteil, daß einmal geformte Figuren und geritzte Muster erhalten bleiben, während der weiche Salz-Mehl-Teig sich von selbst verformt. Es ist ein ganz anderes Gefühl, mit Ton zu formen und zu experimentieren.

Ton gibt es leider nur in 10 kg - Säcken zu kaufen. Solch große Mengen werden aber meist nicht für kleine Kinderexperimente gebraucht. Deshalb ist es gut, wenn man jemanden kennt, der töpfert und der eine kleinere Menge Ton für die Kinderexperimente zur Verfügung stellen kann. Es gibt weiß-, rot- und schwarzbrennende Tonsorten, die sich auch alle für Kinderexperimente eignen.

Ton sollte dicht verschlossen in einem Plastikbehälter oder einer Plastiktüte aufgehoben werden. Sollte der Ton in der Tüte durch die Luft oder beim Kneten durch die Handwärme einmal zu sehr ausgetrocknet sein, werden in den Tonklumpen mit einem Holzstab Löcher gebohrt, etwas Wasser darauf gegossen, ein nasser Lappen darum gewickelt und alles zusammen wieder gut in der Tüte oder dem Behälter luftdicht verschlossen. Der Ton saugt die Feuchtigkeit auf und ist dadurch wieder besser zu bearbeiten.

Die Kinder bearbeiten den Ton wie den Salz-Mehl-Teig mit Händen, Holzwerkzeugen, Löffeln, Messern und Gabeln. Auch hierbei geht es wieder nur um die Experimente der Kinder und nicht um das Herstellen formvollendeter Figuren. Ergebnisse, die die Kinder aufheben und nicht wieder zu einem Klumpen zusammenmatschen wollen, können an der Luft getrocknet oder bei Gelegenheit in einem Tonofen mitgebrannt werden. Luftgetrocknete Tonteile sind empfindlicher als gebrannte Teile, d.h. sie sind zum Spielen nicht gut geeignet.

Tongegenstände sollten möglichst langsam trocknen. Deshalb sollten sie am besten auf einen atmungsaktiven Untergrund (z.B. Zeitungen oder unlackiertes Holz) in einen kalten Raum gestellt und ein bis zwei Tage mit einer feuchten Zeitung abgedeckt werden. Flache Bilder sollten zusätzlich mit mehreren kleinen Gegenständen an den Ecken beschwert werden, da diese sich dann beim Trocknen nicht so leicht verziehen können. Je nach Größe der Teile brauchen die geformten Tonsachen ungefähr 8 bis 10 Tage zum Trocknen.

Schnipseln und Kleben von Papier, Wolle und Strohhalmen

Das Interesse von kleinen Kindern an Papier entwickelt sich von ganz allein. Die knisternde Zeitung in der Hand der Mutter, der Brief auf dem Tisch und der glänzende Reklameprospekt ist für das Kind faszinierend. Papier kann es zerknüllen, damit knistern, es zerreißen und bekritzeln.

Zerreißen von Papier

Das Zerreißen von Papier scheint zunächst für kleine Kinder gar nicht so leicht zu sein. Wenn Eltern ihren Kindern zeigen, wie sie Papier zerreißen können, dann sollten sie das Papier zunächst in Streifen reißen, denn gerissene Streifen können Kinder viel leichter in kleine Stücke zerlegen; dies macht ihnen riesigen Spaß. Mit verschiedenen Papiersorten können die Kinder Erfahrungen mit den unterschiedlichen Eigenschaften der Materialien machen.

Material:
verschiedene Papiersorten

Alter:
ab 2 Jahren

Schneiden von Papier

Ein weiterer Schritt im Umgang mit Papier ist das Zerschneiden verschiedener Papiersorten. Die Schere scheint für die meisten Kinder sehr reizvoll zu sein, was sicherlich auch damit zusammenhängt, daß viele Eltern sie ihnen sehr lange vorenthalten wollen. Kinder können ruhig mit 2 $1/2$ Jahren mit der Hilfe der Erwachsenen ihre ersten Schneideversuche machen. Hierzu benötigen sie eine Kinderschere mit abgerundeten Ecken, die aber gut schneidet. Die meisten Kinder nehmen die Schere zu Beginn in beide Hände. Es ist hilfreich für sie, wenn Erwachsene ihnen bei ihren ersten Versuchen das Papier stramm entgegenhalten. Später versuchen die Kinder dann, mit einer Hand zu schneiden. Auch dabei können die Eltern ihnen helfen, indem sie mit ihnen zusammen in die Scherengriffe greifen und gemeinsam mit ihnen die Bewegungen üben.

Material:
Papier
Schere

Alter:
ab 2 $1/2$ Jahren

Tatsächlich geraten manche Kinder voller Stolz über ihre ersten Schneideerfolge in einen wahren Schnipselrausch, so daß darauf geachtet werden muß, daß nicht alles zerschnipselt wird, was ihnen in die Finger kommt. Eltern sollten aber nicht die Konsequenz daraus ziehen, den Kindern die Schere und damit die Schneideerfolge zu nehmen. Sie können gemeinsam mit ihnen das Schneiden üben und immer wieder erklären, was sie zerschneiden dürfen und was nicht.

Die Fähigkeit, wirklich sicher mit einer Schere umzugehen und einigermaßen gut an einer vorgezeichneten Linie entlang schneiden zu können, entwickelt sich bei Kindern nur langsam. Eltern sollten die Kinder nicht überfordern, indem sie von ihnen zu früh erwarten, eine vorgegebene Form exakt ausschneiden zu können. Eher sollten die eigenen Vorstellungen von *schönen*, genauen und exakten Produkten geändert werden.

Schneiden von Strohhalmen

Material:
Strohhalme
Schere
evtl. Nylonfaden oder eine stumpfe Sticknadel mit einem Wollfaden
evtl. Goldpapier oder kleine Perlen

Alter:
ab 2 1/2 Jahren

Mehr zufällig habe ich in Spielgruppen feststellen können, welchen Spaß Kinder daran haben, Strohhalme zu zerschnipseln. Strohhalme lassen sich sehr leicht zerschneiden, weil das Material zum einen sehr fest ist, zum anderen aber mit wenig Druck zerschnitten werden kann. Hinzu kommt der schöne Effekt für die Kinder, daß die abgeschnittenen Stücke lustig durch die Gegend hüpfen.

Ältere Kinder können ihre Strohhalmstückchen auf einen Nylonfaden oder mit Hilfe einer stumpfen Sticknadel auf einen Wollfaden ziehen. Zusätzlich können sie zwischen die Strohhalmstückchen kleine Goldpapierecken oder kleine Holzperlen fädeln. Das ergibt eine hübsche Halskette, wie sie so schön in keinem Geschäft der Welt zu kaufen ist.

Schnipseln von Wolle

Material:
Wollreste
Schere

Alter:
ab 2 1/2 Jahren

Das Schneiden von kurzen und langen Wollstücken macht den Kindern immer großen Spaß. Es ist fast leichter, Wolle zu zerschneiden als Papier. Auch hierbei können die Erwachsenen den Kindern helfen, indem sie ihnen einen Wollfaden gespannt hinhalten; mit der Schere kann der Faden von den Kindern so leichter ein- oder beidhändig durchgeschnitten werden. Die vielen kleingeschnipselten Wollfäden können die Kinder anschließend auf ein Stück Pappe als Collage kleben.

Kleben von Papier und Pappe

Aus vielen Papierschnipseln können die Kinder schöne Bilder und Collagen anfertigen. Sie kleben ihre Schnipsel auf Papier, Postkarten, Pappe oder Kartons. Hierzu können sie verschiedene Klebemittel verwenden. Entweder verwenden die Kinder einen Klebestift, Klebstoff in Flaschen und Tuben, Kleister oder Tesafilm.

Material:
verschiedene Papiersorten,
Pappe oder Kartons
Schere
Klebstoff,
Kleister,
Tesafilm

Alter:
ab 2 $\frac{1}{2}$ Jahren

○ Klebestifte können die Kinder verwenden, wenn sie auf kleinen Flächen arbeiten oder nur einzelne Papierstücke aufkleben wollen; für große Flächen sind eher die anderen Klebstoffe geeignet. Kleinen Kindern fällt der Umgang mit solchen Stiften oft schwer, so daß für sie immer die anderen Kleber besser geeignet sind.

○ Die meist benötigten Klebemittel sind Klebstoffe in Tuben oder Flaschen. Diese können mit und ohne Lösungsmittel im Handel erworben werden. Die Klebemittel ohne Lösungsmittel sind ungiftig und umweltfreundlich. Allerdings wellt sich das Papier bei der Verwendung dieser Kleber wesentlich stärker, so daß sie sich für manche Klebearbeiten nicht besonders gut eignen. Für das Aufkleben der ersten Papierschnipsel sind die Umweltkleber aber gut geeignet.

○ Kleister eignet sich besonders für großflächiges Arbeiten mit Pappe und Papier, also etwa für die Verzierung von Schachteln, Kisten oder Kartons. Der Nachteil bei der Verwendung dieses Klebemittels beim Kleben von Papier ist, daß sich einige Papiersorten durch die hohe Feuchtigkeit des Kleisters sehr stark wellen und verziehen. Da solche gewellten Papiere nicht gut weiterverarbeitet werden können, ist der Anwendungsbereich von Kleister zum Basteln eingeschränkt. Das Arbeiten mit Kleister macht Kindern allerdings großen Spaß.

○ Tesafilm wird bei den in diesem Buch beschriebenen Bastelarbeiten nur selten benötigt. Kinder benötigen Tesafilm zu Hause erfahrungsgemäß aber sehr häufig. Zum einen ist das Kleben mit Tesafilm für Kinder offenbar sehr reizvoll, und zum anderen benötigen sie es wirklich oft bei spontanen Bastelaktionen, um die verschiedensten Materialien miteinander zu verbinden.

Einfache Bastelanregungen mit verschiedenen Materialien

Nachdem im vorangegangenen Teil des Buches viele grundsätzliche Gedanken zur Entwicklung der kindlichen Phantasie und Kreativität sowie Anregungen zur Förderung der Kinder bei ihren ersten Erfahrungen im Umgang mit Farben und Papier zu finden sind, geht es in diesem Teil darauf aufbauend um die Vorstellung einfacher Bastelarbeiten, die Kinder im entsprechenden Alter weitgehend allein bewältigen können.

In fünf Kapiteln finden Eltern für ihre Kinder viele Anregungen zum Basteln mit den unterschiedlichsten Farben und Materialien. Es ist sinnvoll, sich bei diesen Arbeiten immer zusätzlich das jeweilige Kapitel im ersten Teil des Buches anzusehen, da dort die grundsätzlichen Ideen und Tips im Umgang mit den jeweiligen Materialien und Techniken zu finden sind.

Die wichtigen Erfahrungen, welche die Kinder bei ihren ersten Mal- und Matschversuchen machen konnten, sind auch für die weitere Entwicklung ihrer Kreativität und Selbständigkeit von großer Bedeutung. Die Kinder sollen weiterhin viel Freiraum für die Entwicklung eigener Ideen sowie Zeit und Gelegenheit für Experimente haben. Deshalb sollten die Eltern bei ihren ersten Bastelaktionen mit ihren Kindern die folgenden Anregungen berücksichtigen:

○ Die Kinder sind oft in der Lage, viele Arbeiten und Handgriffe allein zu bewältigen, welche die Eltern ihnen meist unüberlegt, wenn auch wohlwollend, abnehmen. Am besten sollten die Erwachsenen immer wieder überlegen, was die Kinder vielleicht doch schon alleine bewältigen können. Sie sollten nach Wegen suchen, wie sie den Kindern bei einzelnen schwierigen Handgriffen helfen können, ohne ihnen aber die Arbeit gleich aus der Hand zu nehmen.

○ Die Kinder sollten alles ausschneiden, was sie alleine

schaffen; allerdings können die Eltern ihnen beim Ausschneiden von sehr großen oder schwierigen Schablonenteilen helfen. Meist sind die anschließenden Arbeiten, wie z. B. das Schnipseln von Wolle oder das Kleben und Kleistern von Papier, wichtiger und spannender für die Kinder.

❍ Im Laufe einer Bastelaktion sollten die Eltern die Kinder frei agieren lassen und sie ermuntern, über die *eigentliche* Arbeit hinaus ausgiebig mit den Farben und Materialien zu experimentieren. Deshalb sollten immer Farben und Materialien für weitere Experimente der Kinder bereitgelegt werden.

❍ Zur Förderung der Selbständigkeit ist es sinnvoll, den Kindern z.B. nicht den Stern, den Baum oder das Schaf als Grundform auf die Pappe zu malen, sondern eine Pappschablone anzufertigen, die die Kinder mit einem Bleistift umkreisen können; so können sie die Form alleine auf ihre Pappe übertragen. Hierbei habe ich schon oft beobachten können, daß die Kinder solch einen Spaß allein am Ummalen der Schablone haben, daß sie die Motive gleich mehrmals übereinander malen und zu der eigentlichen Mal- oder Klebearbeit gar nicht mehr kommen. Aus diesem Grunde habe ich bei den Bastelarbeiten vorweg angegeben, daß eine Schablone aus Pappe vorbereitet werden soll und daß die Kinder die Formen mit Hilfe dieser Schablone alleine auf das Papier übertragen sollen.

Anleitung zur Herstellung der Schablonen:
Die Vorlagen für die Schablonen befinden sich auf dem speziellen Schablonenbogen am Ende des Buches. Die Eltern übertragen die gewünschte Form von dem Schablonenbogen auf eine Pappe, indem sie dünnes Papier über die entsprechende Form legen, die durchschimmernden Umrisse mit dem Bleistift auf dem Papier nachzeichnen und die so auf das Papier kopierte Form ausschneiden. Diese legen sie auf eine Pappe, ummalen sie wiederum mit einem Bleistift und schneiden sie aus.

❍ Typische Vorstellungen Erwachsener von *schönen* und *gelungenen* Mal- und Bastelprodukten sollten ganz in den Hintergrund gestellt werden. Es kommt wirklich nicht auf schnurgerade geschnittene Linien, exakte Muster und formvollendete Ergebnisse an. *Es soll den Kindern einfach nur Spaß machen.*

FARBE – PAPIER – KLEBSTOFF

Material:
Tempera-Wasserfarben
Packpapier oder
andere große Papierbögen
Pinsel
Wasserglas

Alter:
ab 3 Jahren

Geschenkpapier

Auf großen Bögen Papier probieren die Kinder mit Wasserfarben verschiedene Muster aus, die sich für die Herstellung von Geschenkpapier eignen könnten. Dabei fällt es ihnen offensichtlich schwer, flächendeckend zu malen. Sie konzentrieren sich oft auf die Mitte des Blattes oder auf eine bestimmte Ecke. Die Eltern können sie ermuntern, große Striche, Zick-Zack-Linien, Spiralen, Wellen oder Punkte über das ganze Blatt verteilt zu malen oder zu klecksen. Am einfachsten ist es für Kinder, sich für ein Motiv, z.B. Wellen, zu entscheiden und dieses Muster in verschiedenen Farben mehrfach übereinanderzumalen. Auch mit bunten Hand- und Fingerabdrücken lassen sich schöne Geschenkpapiere gestalten. Die Kinder können verschiedene Muster ausprobieren.

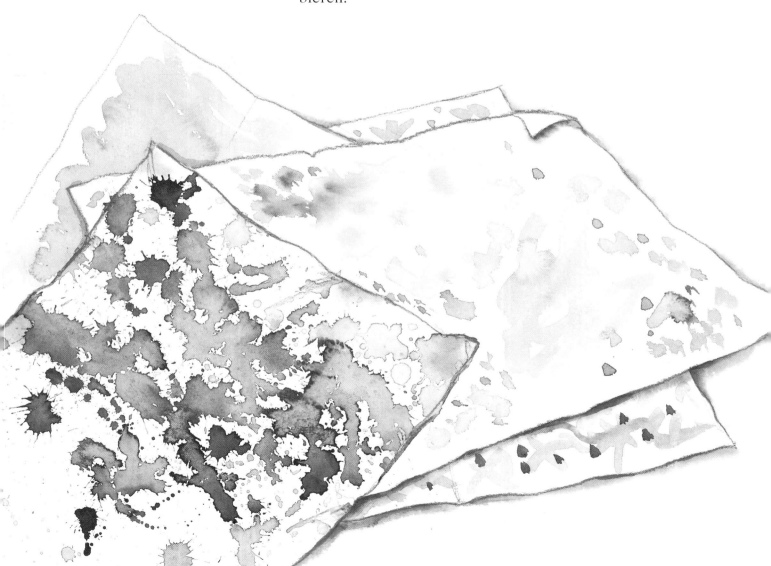

schmuckgirlanden

Die Herstellung von Girlanden als Raumschmuck für das Kinderzimmer oder für Feste ist eine schöne Idee; hierbei können die Kinder ihren Spaß am Schnipseln ausleben und den Umgang mit der Schere gut üben.

Zunächst schneiden die Kinder möglichst lange, ca. 10 cm breite Kreppapierstreifen zurecht. Die Streifen sollten auf jeden Fall diese Breite haben, da die Kinder sie beim Einschneiden so nicht gleich durchschneiden können. Beim Zuschneiden der langen Streifen können die Eltern den noch nicht so schneideerfahrenen Kindern ruhig helfen. Jeder Streifen wird in der Länge zwei- oder dreimal übereinandergelegt und von den Kindern beidseitig mit vielen kleinen Schnitten verziert (s. Abb.). Dabei hilft es den Kindern sehr, wenn die Eltern ihnen die Streifen straff entgegenhalten. Da die Papierstreifen mehrfach übereinanderliegen, haben die Kinder im Nu eine Girlande fertiggeschnitten. Wenn besonders lange Girlanden hergestellt werden sollen, können auch mehrere Streifen hintereinandergetackert werden.

Bevor die Girlanden als Dekoration im Raum aufgehängt werden, müssen sie ein paarmal um die eigene Achse gedreht werden. Am einfachsten wird hierzu ein Ende der Girlande zunächst mit einer Heftzwecke an der Wand befestigt und das andere Ende einige Male entweder nach rechts oder links gedreht, bevor es ebenfalls an die Wand geheftet wird (s. Abb.). Erst dann kommen die vielen Einschnitte gut zur Geltung. Schön sieht es auch aus, wenn zwei verschiedenfarbige Streifen übereinandergelegt und dann zusammen verdreht werden.

Material:
Kreppapier
Schere
Tacker
Heftzwecken

Alter:
ab 3 Jahren

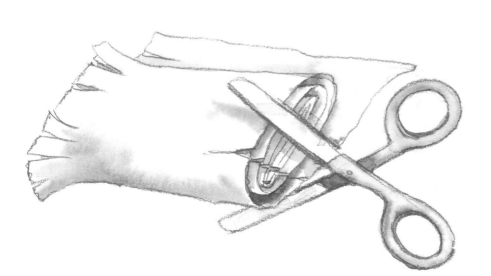

Material:
Tempera-Wasserfarben
saugfähiges Papier
Haushaltskerze
Streichhölzer
Pinsel
Wasserglas
Fön
Zeitung
Bügeleisen

Alter:
ab 4 Jahren

Tropfbatik

Das Spannendste an dieser Papiergestaltungstechnik ist für Kinder das erlaubte Spiel mit einer brennenden Kerze. Viele Eltern sind sehr skeptisch, wenn sie hören, daß ihre Kinder mit einer brennenden Kerze hantieren sollen. Allerdings stellen sie anschließend auch immer wieder fest, daß die Kinder dies unter Aufsicht sehr gut bewältigen können.

Die Kinder tropfen bei dieser Papierbatiktechnik mit einer brennenden Kerze Wachstropfen auf ein Stück saugfähiges Papier, pusten ihre Kerze aus und malen dann das ganze Blatt mit einem hellen Wasserfarbton an. Ihr Papier trocknen sie mit einem Fön, ohne aber dabei zu dicht an die Wachspunkte zu kommen, da diese sonst natürlich schmelzen würden. Sobald die Farben getrocknet sind, tropfen die Kinder wieder Punkte auf das Papier, malen dieses in einem dunkleren Farbton an und trocknen es erneut. Meist sehen die Papiere nun schon sehr interessant aus, so daß die Kinder sie so belassen können. Sie können das Papier aber auch ein drittes Mal mit Wachs betropfen, mit einer noch dunkleren Farbe übermalen und wieder trocknen.

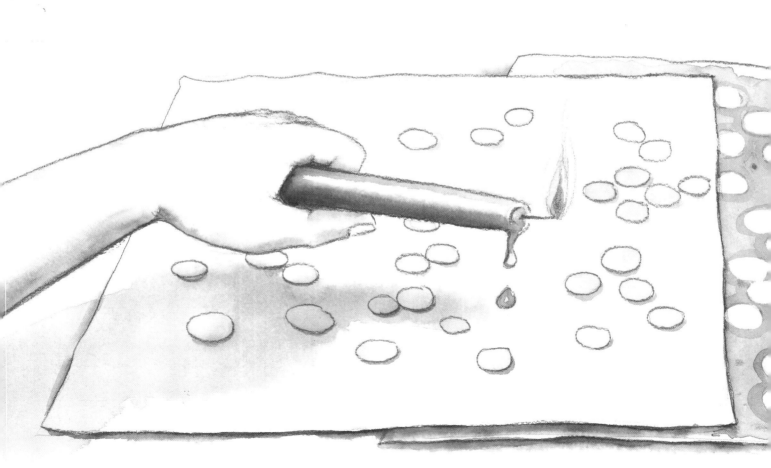

Abschließend wird das Blatt von Eltern und Kindern gemeinsam mit einem heißen Bügeleisen gebügelt. Hierzu wird das Bild auf einen Zeitungsstapel gelegt und mit einem Zeitungsblatt abgedeckt. Es wird solange gebügelt, bis das Wachs durch die Hitze geschmolzen und von der Zeitung aufgesogen worden ist. Die Tropfbatikpapiere können die Kinder entweder als Ganzes in ihr Fenster hängen, oder aber sie können große Formen, wie z.B. Sterne, als Fensterdekoration daraus schneiden. Durch das Licht kommen die schönen, leuchtenden Farben erst richtig zur Geltung.

Tropfbatikpapiere können von den Kindern auch zu schönen Briefkarten weiterverarbeitet werden, indem Stücke des Papiers auf weißen Karton geklebt werden. Oma und Opa freuen sich bestimmt, wenn sie so eine schöne Karte zugesandt bekommen!
Weiterhin eignen sich Batikpapiere sehr gut zur Herstellung von Laternen. Hierzu wird das Papier von den Kindern zwischen zwei Käseschachtelringe getackert. Näheres zu der Technik, das Papier an der Käseschachtel zu befestigen, findet sich unter *Konfettilaterne*.

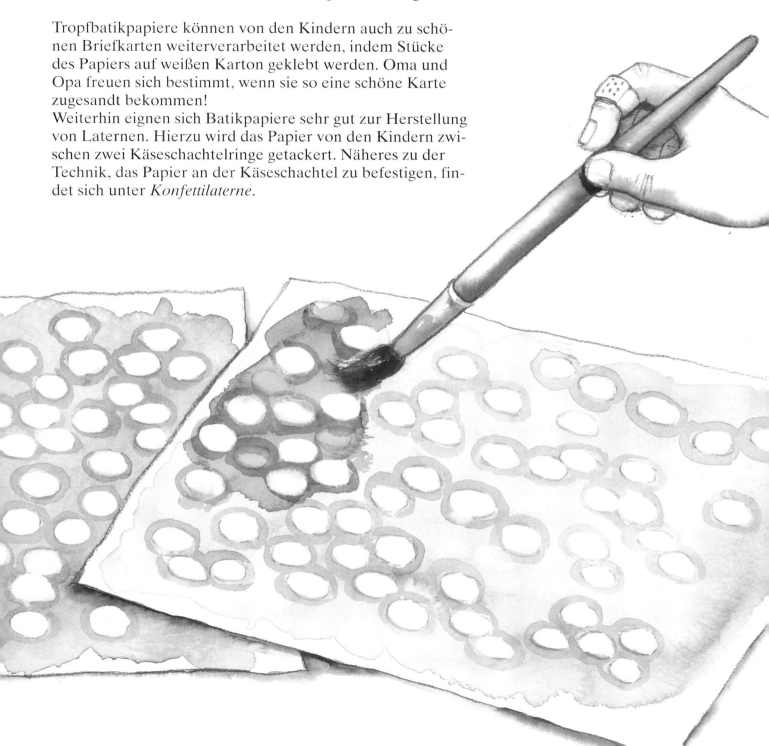

Bunter Schmetterling

Material:
bunter Pappkarton
Pappe für die Schablone
dekoratives Papier
Schere
Bleistift
Klebstoff

Alter:
ab 3 Jahren

Vorbereitung:
Schablone aus Pappe herstellen

Die Form des Schmetterlings übertragen die Kinder mit Hilfe der Schablone auf ein Stück bunten Pappkarton und schneiden sie aus. Dann schneiden oder reißen sie kleine, bunte Papierstückchen zurecht. Als Papier eignet sich hierzu Goldpapier, Geschenkpapier, Tonpapier oder Regenbogenpapier. (Regenbogenpapier ist bunt gestreiftes Papier, das im Bastelgeschäft oder Schreibwarenhandel erhältlich ist.) Nun bestreichen die Kinder eine Seite des Schmetterlings mit Klebstoff und kleben die bunten Papierstückchen darauf. Wenn sie den Schmetterling als Raumdekoration aufhängen wollen, können sie ihn auch von beiden Seiten bunt bekleben, wenngleich er auf der bunten Pappe schon einseitig beklebt schön aussieht. Sollten die aufgeklebten Papierstückchen weit über die Schmetterlingsform hinausragen, können die Kinder diese Stückchen abschließend etwas nachschneiden.

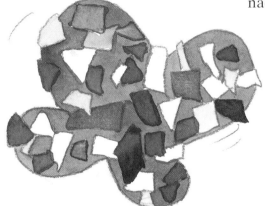
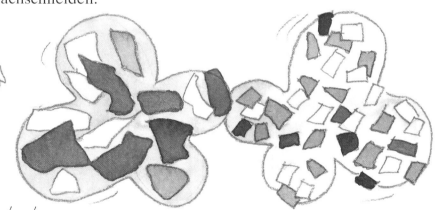

Obstbaum

Material:
grüner oder brauner Fotokarton
Pappe für die Schablone
Kreppapier
Klebstoff
Bleistift
Schere

Alter:
ab 3 ½ Jahren

Vorbereitung:
Schablone aus Pappe herstellen

Die Kinder malen die Umrisse eines Baumes mit einer dicken Krone auf ein Stück grünen oder braunen Fotokarton, der ungefähr die Größe eines DIN-A-4 Blattes hat und schneiden ihn aus. Diejenigen, die noch nicht so gut malen können, übertragen mit Hilfe der Schablone den Baum auf ihre Pappe, indem sie die Pappschablone mit einem Bleistift umkreisen. Nachdem die Kinder den Baum ausgeschnitten haben, knüddeln sie viele Kügelchen aus bunten, kleingerissenen Kreppapierstückchen zurecht. Diese Kügelchen betupfen sie einzeln mit Klebstoff und kleben sie als Blüten auf die Baumkrone.

Lustiger Drachen

Die Kinder schneiden ein Stück Tonpapier in der Größe von 21 x 21 cm zu. Dieses Quadrat falten sie diagonal in der Mitte, so daß ein Dreieck entsteht (s. Abb.). Die Kinder klappen das Papier wieder auseinander und ziehen die beiden Ecken rechts und links von der Falznaht so an diese Naht, daß sowohl diese Ecken, als auch zwei aneinandergrenzende Seitenkanten an der Falznaht zusammenstoßen (s. Abb.). Bei der so entstandenen Drachenform kleben die Kinder die Ecken mit Klebstoff fest und malen auf die andere Seite mit Buntstiften Augen, Nase und Mund. Mit einem Locher wird in die untere Spitze des Drachens ein Loch gestanzt, durch das ein ungefähr 40 cm langer Wollfaden als Drachenschwanz gezogen und festgeknotet wird. Jetzt schneiden die Kinder ein paar kleine, bunte Kreppapierstreifen zu, die sie mit Hilfe der Eltern in kleinen Abständen an den Schwanz knoten. Zwei dieser kleinen Kreppapierstreifen können sie als Ohren rechts und links an die seitlichen Drachenspitzen tackern.

Material:
Tonpapier
Buntstifte
Wolle
buntes Kreppapier
Klebstoff
Schere
Bleistift
Locher
Tacker

Alter:
ab 3 ½ Jahren

Filtertütenbatik

Material:
Tempera-Wasserfarben
weiße Filtertüten oder -papiere
Pinsel
Wasserglas

Alter:
ab 2 1/2 Jahren

Es gibt viele schöne Bastelideen mit Filterpapieren, die Eltern ihren Kindern zeigen können, wenn sie mit Wasserfarben experimentieren wollen. Hierzu werden entweder normale weiße Filtertüten oder runde Filterpapiere in verschiedenen Größen benötigt. Kleine, runde Papiere sind in Lebensmittelläden, große Filterpapiere leider nur in Gastronomiefachgeschäften erhältlich. Mit etwas Glück bekommen Eltern und Kinder vielleicht in Restaurants, Großküchen oder Cafés ein paar große, runde Filterpapiere geschenkt.

Beim Bemalen von Filterpapieren ergeben sich besonders schöne Farbeffekte, weil das Papier sehr saugfähig ist und die Wasserfarben wie bei der Aquarellmalerei schön ineinanderfließen und zerlaufen. Wichtig bei dieser Technik ist, daß die Kinder viel Wasser verwenden oder das Filterpapier vorab ganz mit Wasser einpinseln.

Die fertigbemalten Filterpapiere werden mit Papierhandtüchern abgetupft und dann zum Trocknen ausgelegt. Wenn die Papiere schnell weiterverarbeitet werden sollen, können die Kinder sie trocken fönen. Die trockenen Filterpapiere sollen kurz zwischen Büchern oder schweren Gegenständen gepreßt werden, bevor die Kinder sie - wie in den folgenden Abschnitten beschrieben - weiterverarbeiten. In dieser Zeit können die Kinder in Ruhe weiter mit Wasserfarben malen.

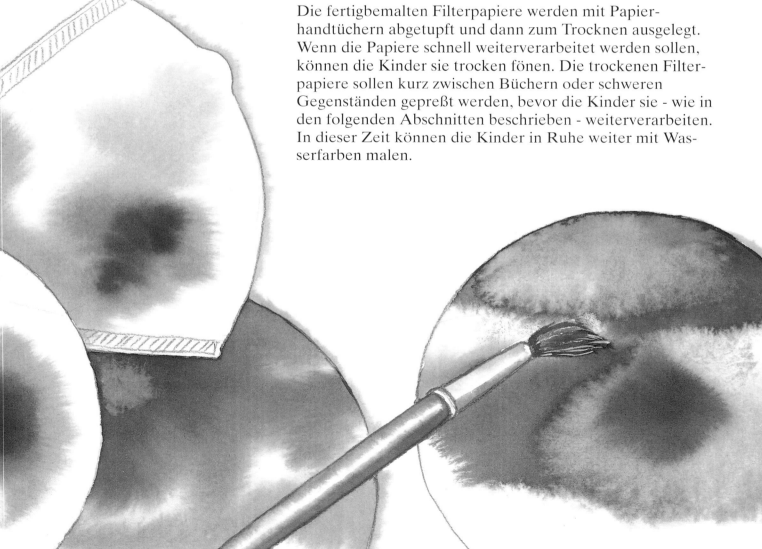

Filterpapierdeckchen

Mit viel Wasser und Wasserfarben bemalen die Kinder die runden Filterpapiere, wie es bereits in dem vorherigen Abschnitt beschrieben worden ist. Dann drücken sie die Papiere mit saugfähigen Papierhandtüchern aus, lassen sie trocknen und pressen sie. Die getrockneten Papiere falten die Kinder jeweils in der Mitte, so daß ein Halbkreis entsteht. Dieser Halbkreis wird noch einmal in der Mitte zu einem Viertelkreis gefaltet; er kann auch noch ein drittes Mal zur Mitte zu einem Achtelkreis gefaltet werden. Die Kinder schneiden aus dem Viertel- oder Achtelkreis an allen Kanten kleine Spitzen, Zacken und Ecken aus. Falten sie das Papier dann wieder auseinander, ist aus dem bunten Filterpapier ein schönes, kleines Deckchen entstanden. Für die Kinder grenzt dies an Zauberei. Die Eltern sollten einmal die strahlenden Augen der Kinder beobachten, wenn sie ihre Kunstwerke auseinanderklappen. Meist falten sie ihre Papiere nach jedem einzelnen Schnitt auseinander, weil sie das Ergebnis einfach nicht abwarten können.

Material:
Tempera-Wasserfarben
große runde Filterpapiere
Pinsel
Schere
Wasserglas

Alter:
ab 3 Jahren

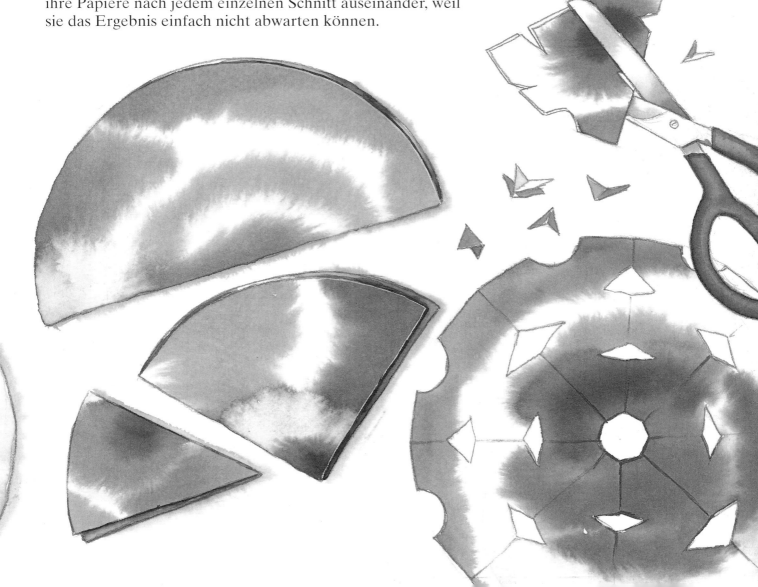

Material:
Tempera-Wasserfarben
grüne Fingerfarbe
ca. 1 m Tapete
kleine runde Filterpapiere
Pinsel
Klebstoff
Scheren
Wasserglas
evtl. Wachsmalstifte,

Alter:
ab 2 1/2 Jahren

Blumenwiese

Die Blumenwiese kann am besten in einer Gemeinschaftsarbeit von mehreren Kindern an zwei Tagen hergestellt werden. Am ersten Tag malen alle Kinder gemeinsam die Rückseite der Tapete mit Fingerfarben mit den Händen oder mit Pinseln vollständig grün an. Dies geht besonders gut, wenn die Kinder um einen kleinen Tisch herum stehen, der nicht viel größer als die Tapete ist. Auf diese Art und Weise haben alle genügend Platz und können die ganze Tapete gut von allen Seiten aus einpinseln. Damit das Malen mit nur einer Farbe unter Umständen nicht zu langweilig wird, frage ich die Kinder bei solchen Arbeiten manchmal, ob sie mir helfen, das ganze weiße Papier grün zu zaubern. Und schon beginnen sie, mit Eifer das letzte kleine, weiße Fleckchen auf dem Papier grün zu färben. Und so ist die Wiese im Nu fertig. Die Farben müssen lange trocknen, so daß die Kinder mit den Fingerfarben auf anderem Papier weiter malen und experimentieren können.

Am zweiten Tag malen die Kinder einige runde Filterpapiere mit viel Wasser und Wasserfarben bunt an. Die fertigen Papiere werden zwischen Papierhandtüchern trocken getupft, getrocknet und gepreßt (siehe *Filtertütenbatik*).

Kinder im Alter von ca. 2 1/2 Jahren kleben dann die getrockneten, bunten Kreise auf die grüne Tapete, und schon ist ihre Blumenwiese fertig. Ältere Kinder können die Farbkreise noch verschönern, indem sie mit der Schere die Filterpapiere rundherum kurz einschneiden oder kleine Zacken aus dem Rand schneiden. Dabei benötigen sie unter Umständen etwas Hilfe, da sonst die schönen Blumen vielleicht ruck - zuck in kleine Schnipsel zerlegt werden. Diese verzierten Kreise kleben die Kinder als Blumen auf ihre grüne Wiese und malen vielleicht mit dunklen Wachsmalstiften oder dunkler Wasserfarbe noch Stiele und Blätter daran.

Bilderbuchtip:
Da ist eine wunderschöne Wiese, Wolf Harranth, Winfried Opgenoorth, Verlag Jungbrunnen 1995

Strohhalmblume

Die runden Filterpapiere werden, wie unter *Filtertütenbatik* beschrieben, von den Kindern mit Wasserfarben bunt angemalt, abgetupft, getrocknet und kurz gepreßt. Sobald die Papiere getrocknet sind, bestreichen die Kinder einen der bunten Kreise ganz mit Klebstoff, legen den Knickstrohhalm mit seinem kürzeren Ende darauf und legen einen zweiten Kreis darüber. Die beiden Papiere halten die Kinder eine kurze Zeit fest aufeinandergedrückt. Ihren dritten Kreis schneiden sie in der Mitte durch und falten einen der Halbkreise in der Mitte zu einem Viertelkreis. Diesen bestreichen sie innen mit Klebe, legen ihn als Blatt um den Strohhalm und drücken ihn fest (s. Abb.). Etwas ältere Kinder können die Blüte der Blume noch verschönern, indem sie sie rundherum einschneiden oder kleine Zacken aus ihrem Rand herausschneiden.

Material:
Tempera-Wasserfarben
3 runde Filterpapiere (10-12 cm Durchmesser)
Knickstrohhalm
Klebstoff
Pinsel
Schere
Wasserglas

Alter:
ab 2 ½ Jahren

Material:
Tempera-Wasserfarben
Wachsmalstifte
ca. 1 m Tapete
kleine runde Filterpapiere
Pinsel
Klebstoff
Scheren
Wasserglas

Alter:
ab 3 Jahren

Aquarium

Das Aquarium wird wie die *Blumenwiese* an zwei Tagen in einer Gemeinschaftsarbeit der Kinder erstellt. Am ersten Tag verzaubern die Kinder die weiße Tapete mit blauer und grüner Wasserfarbe in ein Meer. Die eingefärbte Tapete wird zum Trocknen gelegt, während die Kinder einige Filterpapiere bunt mit Wasserfarben anmalen, so daß sie später als Fische auf dem blauen Meeresgrund schön leuchten. Die Filterpapiere werden abgetupft, getrocknet und gepreßt (siehe *Filtertütenbatik*).

Am zweiten Tag schneiden die Kinder aus den getrockneten Kreisen kleine Keile als Fischmäuler aus und malen mit dunklen Wachsmalstiften Augen auf. Je nach Wunsch der Kinder können sie die Fische kreisrund lassen oder Stücke abschneiden, so daß andere Fischformen (z.B. flache Hechte) entstehen. Die fertiggestellten Fische kleben die Kinder auf die blaue Tapete. Bei Bedarf können sie die Fische verzieren, indem sie ihnen kleingeschnittene Filterpapierstückchen als Flossen oder Schwänze ankleben. Auch ohne viel Pflege kann sich so jeder ein eigenes Aquarium leisten. Oder?

schmetterlinge aus Filtertüten

Die Kinder schneiden mit der Schere die beiden Längsseiten der Filtertüte ganz knapp ab, so daß die beiden Papierhälften nur noch an der unteren Falznaht miteinander verbunden sind (s. Abb.). Anschließend malen sie die Filtertüte mit viel Wasser und Wasserfarben bunt an, tupfen sie mit einem Papiertuch ab und trocknen sie an der Luft oder mit dem Fön, wenn es besonders schnell gehen soll.

Sobald die Filtertüte getrocknet ist, können die Kinder die beiden Papierhälften auseinander klappen und Klebstoff innen auf die Verbindungsnaht der Filterpapiertütenhälften streichen. Dann legen sie ihren Knickstrohhalm in die Naht, und zwar so, daß das kurze Ende des Strohhalmes über dem Knick an einer Seite herausschaut (s. Abb.). Nun klappen die Kinder die Schmetterlingsflügel wieder zusammen, drücken das Filtertütenpapier fest über dem Strohhalm zusammen und halten den Schmetterling so eine kurze Zeit fest. Mit der Schere schneiden sie zuerst die Hälfte des kurzen Strohhalmstückchens ab. Dann schneiden sie ein ungefähr 10 cm langes Pfeifenputzerstück zu, knicken es in der Mitte und stecken dieses Stück - mit dem geknickten Ende voran - in die Öffnung am kürzeren Strohhalmende. Die nun herausstehenden beiden Pfeifenputzerenden sind die Fühler des Schmetterlings. Sobald die Klebe getrocknet ist, können die Kinder ihre Schmetterlinge am langen herausragenden Ende des Strohhalmes anfassen und sie vorsichtig auf- und abbewegen, so daß die Flügel zu flattern beginnen. Gemeinsam mit ihren Schmetterlingen können die Kinder nun durch den Raum fliegen.

Material:
Tempera-Wasserfarben
weiße Filterpapiertüte
Knickstrohhalm
Pfeifenputzer
Klebstoff
Schere
Pinsel
Wasserglas

Alter:
ab 3 Jahren

Material:
hartgekochte Eier
Filzstifte
bienenwachshaltige Wachs-
malstifte
kleine Aufkleber oder
gummiertes Buntpapier
Seidenpapier
Alufolie
Eierbecher
alte Lappen oder Schwamm
Küchenpapiertücher
Speiseöl

Alter:
ab 3 Jahren

Vorbereitung:
Eier hartkochen
Seidenpapierstempel herstellen

Ostereier

In Spielgruppen fragen Eltern häufig nach Techniken, mit denen Kinder Eier verzieren können. Auf der Suche danach habe ich vier unterschiedliche Techniken entdeckt. Die ersten der drei vorgestellten Techniken eignen sich für die Arbeit mit Kindern ab 3 Jahren, die vierte für Kinder ab 4 Jahren. Es sind Techniken, mit denen Kinder hartgekochte Eier bemalen und bekleben können. Das Verzieren von ausgeblasenen Eiern ist für kleine Kinder zu schwierig, weil sie dabei zu vorsichtig sein müssen. Ausgeblasene Eier zerbrechen einfach zu schnell. Diese Enttäuschung sollte man kleinen Kindern ersparen.

1. Die hartgekochten Eier können von den Kindern mit Filzstiften ganz nach ihren Wünschen mit Motiven oder Mustern bemalt werden.

2. Gerade gekochte, noch heiße Eier können von den Kindern mit bienenwachshaltigen Wachsmalstiften bemalt werden. Da diese Stifte beim Auftrag durch die Hitze schmelzen, entstehen schöne Muster und Farbeffekte. Die heißen Eier werden dabei in einen Eierbecher gestellt, auf ein Stück Haushaltspapier gelegt oder von den Eltern festgehalten.

3. Mit kleinen Aufklebern können die Kinder Eier bekleben. Als Aufkleber eignen sich hierzu alle möglichen selbstklebenden kleinen Bilder. Im Schreibwarenhandel gibt es auch gummiertes Buntpapier in verschiedenfarbigen Bögen oder Buntpapiere mit vorgestanzten Figuren, die von der linken Seite mit Wasser befeuchtet und dann aufgeklebt werden können. Entweder kleben die Kinder die vorgestanzten Motive oder kleine von den ganzen Bögen abgerissene Stückchen auf ihre Eier. Befeuchtet werden die Papierstückchen am besten mit einem nassen Lappen oder Schwamm.

4. Die Eltern bereiten für diese Technik Seidenpapierstempel vor, indem sie das Seidenpapier in Stücke in der Größe von ca. 10 x 10 cm reißen, diese in der Mitte anfassen und zu einer Art Blüte zusammenfalten (s. Abb.). Um den Stiel der Papierblüte wickeln sie zum Schutz der Finger ein Stück Alufolie, da das Seidenpapier stark färbt, sobald es naß wird.

Mit diesen Papierstempeln können die Eier betupft und so bunt eingefärbt werden. Dazu werden die gekochten Eier in Wasser getaucht und in einen Eierbecher gesetzt. Dann tupfen die Kinder mit Seidenpapierstempeln auf das nasse Ei und feuchten die Stempel hin und wieder zusätzlich etwas mit Wasser an. Seidenpapier färbt sehr stark aus, so daß auf diese Weise die Eierschalen sehr schön in Pastelltönen marmoriert werden können.

Mit einer Variation dieser Seidenpapiertechnik lassen sich auch schöne Ostereier einfärben. Hierzu reißen die Kinder das bunte Seidenpapier mit trockenen Fingern in kleine Schnipsel. Dann tauchen sie die bunten Schnipsel einzeln in eine kleine Wasserschüssel und kleben sie rund um das hartgekochte Ei, bis die ganze Oberfläche bedeckt ist (s. Abb.). Das Ei wird so zum Trocknen gelegt. Sobald die Papierstückchen trocken sind, fallen sie ab, und die schöne Marmorierung der Eioberfläche wird sichtbar.

Damit die Farben besonders gut zum Ausdruck kommen, werden die mit Seidenpapier eingefärbten Eier zum Schluß mit Hilfe eines Küchenpapiertuches mit etwas Speiseöl eingerieben.

Bilderbuchtip:
1 : 0 für Ralf, Hans Wilhelm, Ravensburger Verlag 1985

Frühlingsbaum

Material:
Tempera-Wasserfarben
ca. 1,50 m Tapete
kleine, runde Filterpapiere oder
kleine Tassendeckchen mit Spitze
Klebstoff
Pinsel
Schere
Wasserglas

Alter:
ab 3 Jahren

Der Frühlingsbaum kann von mehreren Kindern gemeinsam an zwei Tagen hergestellt werden. Zunächst malen die Kinder die Tapete gemeinsam mit gelben, hellgrünen, roten und orangefarbenen Wasserfarben vollständig an. Sobald sie die ganze Tapete bunt eingefärbt haben, malt ein Erwachsener mit dunkler Wasserfarbe die Konturen eines Baumes darüber und legt die Tapete zum Trocknen. Dann malen die Kinder kleine runde Filterpapiere in Blütenfarben (rosa, lila, gelb oder rot) mit viel Wasser und Wasserfarben an. Die bemalten Filterpapiere werden zwischen Papierhandtüchern abgetupft, dann getrocknet und zwischen Büchern oder schweren Gegenständen gepreßt. Alternativ hierzu können auch als Frühlingsbaumblüten kleine Spitzenpapiere mit Wasserfarben angemalt werden. Solche Papiere sind im Schreibwarenhandel als Spitzentassendeckchen erhältlich.

Am zweiten Tag stellen die Kinder ihre Gemeinschaftsarbeit fertig. Jedes Kind schneidet ein Stück des Baumes entlang der dunklen Konturen aus. Die Konturen sollten nicht ganz abgeschnitten werden. Jetzt können die Kinder die Spitzenpapiere oder Filterpapiere mit Klebstoff auf die Baumkrone kleben. Kinder, die schon gut mit der Schere umgehen können, können die Blüten aus Filterpapieren auch vor dem Aufkleben verzieren, indem sie die Ränder etwas einschneiden oder kleine Zacken ausschneiden. Wenn sie aus der Mitte einer Blüte ein Stück herausschneiden wollen, falten sie das Filterpapier zwei- oder dreimal jeweils in der Mitte zu einem Viertel- bzw. Achtelkreis, schneiden ein kleines Stück von der Spitze des gefalteten Papiers ab und falten es wieder auseinander. Die so verzierten Blüten werden dann aufgeklebt.

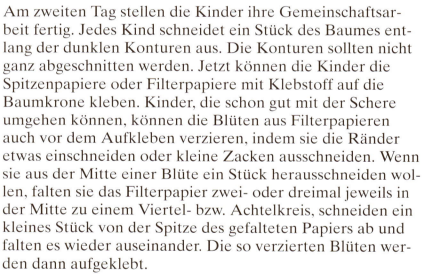

Herbstbaum

In einer Gemeinschaftsarbeit von 3 bis 8 Kindern können die Kinder an zwei verschiedenen Tagen einen sehr schönen dekorativen Herbstbaum herstellen.

Am ersten Tag malen die Kinder ein Stück Tapete von ungefähr 1,50 m Länge mit gelben, grünen, blauen und braunen Wasserfarben gemeinsam an. Am besten wird die Tapete auf einen Tisch gelegt, der nicht viel größer als die Tapete ist, damit die Kinder sich rund um den Tisch verteilen können. Sie malen die ganze Tapete bunt an. Dann malt ein Erwachsener mit schwarzer Wasserfarbe und einem breiten Pinsel die Konturen eines großen Baumes auf die bunte Tapete und legt sie zum Trocknen.

Am zweiten Tag schneiden die Kinder gemeinsam den Baum entlang der dunklen Konturen aus. Dabei sollte die dunkle Umrandung nicht ganz abgeschnitten werden. Dann kleben die Kinder die vorher gesammelten und gepreßten Herbstblätter auf die Baumkrone. Sobald der Klebstoff getrocknet ist, können sie den Baum mit Hilfe der Erwachsenen an die Wand heften und ihr Kunstwerk gemeinsam bewundern.

Material:
Tempera-Wasserfarben
ca. 1,50 m Tapete
getrocknete Herbstblätter
Klebstoff
Pinsel
Schere
Wasserglas

Alter:
ab 3 Jahren

Vorbereitung:
Blätter sammeln und trocknen

Material:
Glas ohne Schraubrand
Transparentpapier
Kleister
Teelicht
kleine Schüssel
evtl. Pinsel

Alter:
ab 3 Jahren

Vorbereitung:
Kleister anrühren

Glaswindlicht

Zunächst muß ein geeignetes Glas für das Windlicht ausgewählt werden; kleine Gläser ohne Schraubrand (z.B. leere Joghurt- oder Senfgläser) eignen sich besonders hierzu. Dann wird etwas Kleisterpulver mit Wasser in einer kleinen Schüssel angerührt. Die Kinder reißen verschiedenfarbiges Transparentpapier in kleine Stückchen, so daß jedes Kind einen kleinen Schnipselberg vor sich liegen hat. Praktischerweise sollten die Kinder zuerst alle Papierschnipsel herstellen, bevor sie mit dem Kleistern beginnen. Die Kinder finden es zwar lustig, daß die Schnipsel so schön an den Fingern kleben bleiben, merken aber auch bald, daß sie mit den glitschigen Händen keine weiteren Papierstücke mehr zerreißen können.

Sobald genügend Schnipsel gerissen sind, können die Kinder endlich das ganze Glas reichlich mit Kleister einschmieren. Manch ein Kind streicht dabei das Glas ganz zaghaft mit einem Finger oder sogar einem Pinsel an, während ein anderes genüßlich mit der ganzen Hand in den Kleistertopf langt.

Nun können die Kinder die Transparentpapierschnipsel auf die Gläser kleben, bis diese ganz - inklusive Rand - bedeckt sind. Dabei können ruhig mehrere Papierschichten übereinander und über den Rand nach innen geklebt werden. Der Kleister wird immer wieder mit den Händen über das ganze Glas und das Papier verteilt. Die Kinder müssen allerdings etwas aufpassen, weil das Glas natürlich sehr glitschig wird und ihnen leicht aus den Händen rutschen kann.

Damit die schönen Laternen gleich bewundert werden können, stellen die Kinder brennende Teelichter in die Gläser. Dies hat darüber hinaus den Vorteil, daß der Kleister durch die Kerzenwärme viel schneller trocknet.

Tischlaterne aus Goldpapier

Die Kinder übertragen mit Hilfe der Schablone das Rechteck mit einem Bleistift auf ein Stück Goldpapier. Die Laternen sehen später am schönsten aus, wenn hierzu Goldpapier mit einer goldenen und einer andersfarbigen Seite verwendet wird. Das aufgezeichnete Rechteck schneiden die Kinder aus und falten es einmal der Länge nach (s. Abb.), mit der goldbeschichteten Seite nach innen, so daß später das leuchtende Licht der Kerze durch das goldene Papier besser zur Geltung kommt. Von der gefalteten langen Kante aus schneiden sie das Papier mehrmals ein, ohne es aber ganz durchzuschneiden (s. Abb.). Der Abstand zwischen den Einschnitten sollte ungefähr ½ bis 1 cm betragen. Das Goldpapier wird auseinandergefaltet und die beiden kurzen Seiten des Papiers mit einem Klebestift so aufeinandergeklebt, daß sich wiederum die goldene Seite innen befindet (s. Abb.). Ganz vorsichtig können die Kinder nun die Laterne mit der flachen Hand von oben etwas zusammenpressen. Sie stellen ein brennendes Teelicht hinein und können ihre leuchtende Laterne schon bewundern.

Material:
Goldpapier
Pappe für die Schablone
Schere
Klebestift
Bleistift
Teelicht

Alter:
ab 3 Jahren

Vorbereitung:
rechteckige Schablone (12x20 cm) aus Pappe herstellen

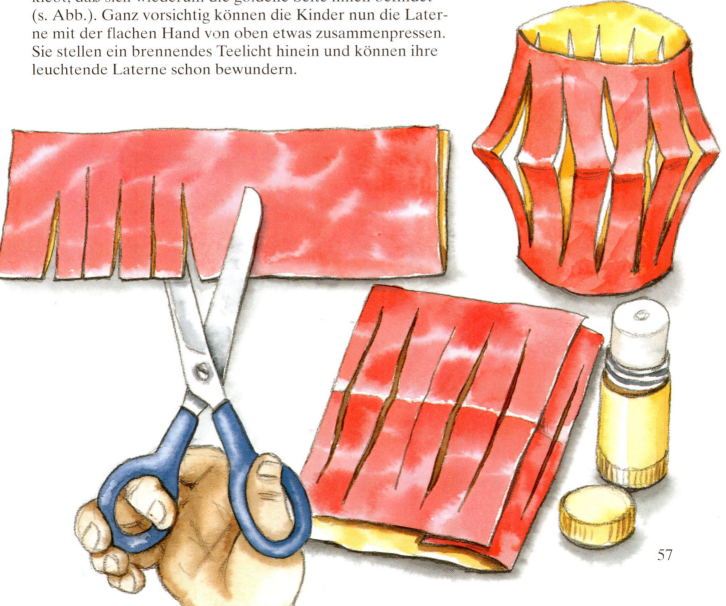

Material:
gelbe und schwarze Pfeifenputzer
gelbes und schwarzes Kreppapier
Schere
kleine Holzperlen

Alter:
ab 3 Jahren

Bienenschwarm

Ganz lustige Bienen können Kinder aus Kreppapier und Pfeifenputzern herstellen. Sie schneiden ein gelbes und ein schwarzes Stück Pfeifenputzer in einer Länge von 15 cm zurecht. Dann schneiden sie zwei gelbe oder schwarze Kreppapierstreifen zu (ca. 10 cm lang und 3 cm breit). Die Kinder legen die beiden Pfeifenputzerstücke nebeneinander und verdrehen sie von einem Ende ausgehend miteinander (s.Abb.). Nach ungefähr 7 cm legen sie die beiden Kreppapierstreifen zwischen die beiden noch nicht verdrehten Pfeifenputzerenden und drehen diese noch ein paarmal weiter umeinander, so daß nun die Kreppapierstreifen als Bienenflügel mit eingewickelt worden sind. Die letzten 3 cm der Pfeifenputzerenden werden nicht miteinander verdreht, sondern stattdessen etwas auseinandergebogen; sie stellen so die Fühler der Bienen dar. Die Kinder können auf die Fühlerenden zwei kleine Holzperlen stecken und sie daran befestigen, indem sie die Perle mit dem Pfeifenputzerende etwas einrollen.

Kastanienkomet

Aus einer frischen Kastanie und buntem Kreppapier können sich die Kinder ein lustiges Wurfspielzeug herstellen. Jedes Kind schneidet etwa 6 Kreppapierstreifen in verschiedenen Farben zurecht, die ungefähr 2 bis 3 cm breit und 50 cm lang sein sollten. Die Kinder legen alle Streifen aufeinander und verdrehen diese an einem Ende ganz fest miteinander. Die Eltern bohren mit einem Dorn oder einem anderen spitzen Gegenstand ein Loch in die Kastanie und stopfen das zusammengedrehte Ende der Kreppbänder mit dem Dorn tief und fest hinein. Damit die Bänder noch besser in der Kastanie befestigt sind, wird zusätzlich ein Streichholz oder ein Holzzahnstocher in das Kastanienloch gestopft und darin abgebrochen. Jetzt ist der Kastanienkomet fertig, und die Kinder können ihn durch die Luft werfen. Sie werden staunen, wie schön es aussieht, wenn er beim Flug seinen bunten Schwanz nach sich zieht und auf dem Boden lustige Hüpfer macht.

Material:
Kreppapier
frische, dicke Kastanie
Schere
Dorn
Streichhölzer

Alter:
ab 3 Jahren

Spielidee:

Meist entwickelt sich im Anschluß an diese Bastelarbeit ein lustiges Spiel der Kinder. Sie werfen ihre Kometen durch die Luft, bis an die Decke oder zu anderen Kindern, warten auf ein Kommando, bei dem alle gemeinsam ihren Kometen in eine Richtung werfen und proben den Kometenweitwurf. Auf die Plätze, fertig, los!

Papierfahnen

Material:
Tempera-Wasserfarben oder
Fingerfarben
weißes Papier
Pinsel
Holzstab
Klebstoff
evtl. Wasserglas

Alter:
ab 2 1/2 Jahren

Die Kinder benötigen ein Stück Papier etwa von der Größe eines DIN-A4-Blattes. Dieses bemalen sie mit Finger- oder Wasserfarben zunächst von einer Seite. Nach dem Trocknen der Farbe kann auch die andere Seite entsprechend bemalt werden. Wenn beide Seiten getrocknet sind, kleben die Kinder das Papier mit der kurzen Seite an ein Holzstöckchen. Dieses sollte nicht länger als 40 oder 50 cm sein, da die Kinder sich mit langen Stöcken zu leicht verletzen können. Als Fahnenstange eignet sich entweder ein von den Kindern im Wald selbst gesuchtes Stöckchen, ein Bambusstöckchen aus dem Garten oder ein dünner Holzstab aus dem Bastelkeller.

Servietten drucken

Material:
Fingerfarben
weiße Vliespapierservietten
Wein- oder Sektkorken
leere Garnröllchen
Schraubglasdeckel
Schaumstoff (ca. 1/2 cm dick)
Küchenmesser
Schere

Alter:
ab 3 1/2 Jahren

Vorbereitung:
Stempel aus Korken schneiden,
Stempelkissen herstellen

Vor dem Drucken müssen von den Eltern einige Vorbereitungen getroffen werden. So müssen aus Wein- oder Sektkorken mit scharfen Küchenmessern Druckstempel mit einfachen Motiven (z.B. Dreieck, Viereck, Stern, Herz, Baum, Haus etc.) geschnitten werden. Aus den Schraubglasdeckeln stellen die Eltern Stempelkissen her, indem sie aus dem dünnen Schaumstoff Kreise schneiden, die in die Schraubdeckel passen. Dann füllen sie in jeden Schraubglasdeckel einen Klecks Fingerfarbe, legen das runde Schaumstoffkissen darauf und pressen die Farbe mit einem Korkenstempel durch mehrmaliges Drucken durch den Schaumstoff.

Dann endlich kann das Drucken auf den Servietten beginnen. Die Kinder können die verschiedenen Stempelmotive mit den verschiedenen Farben auf ihren Papierservietten ausprobieren. Im Laufe der Zeit bemerken sie, daß sie die Stempel gezielt auf die Serviette drücken und sie immer etwas auf der Stelle hin und her bewegen müssen, damit das ganze Stempelmotiv abgedruckt wird. Leere Garnrollen eignen sich auch gut als Druckstempel, da sie eine ganz gerade Druckfläche haben und die Muster besonders effektvoll sind. Die Kinder haben meist solchen Spaß am Stempeln, daß sie zunächst weder daran denken, das Motiv und die Farbe zu wechseln, noch darauf achten, die ganze Serviettenfläche zu bedrucken. Den Blick hierfür entwickeln sie meist erst, wenn sie schon einige Servietten gedruckt haben oder wenn die Kinder schon älter sind und bereits einen anderen Blick für Motive, Muster und Flächengestaltung haben. Die geschnittenen Korken und Stempelkissen können zum Schluß ab- bzw. ausgewaschen und zum Drucken immer wiederverwendet werden.

PAPPE – BIERDECKEL – PAPPTELLER

Spiralenmobile

Material:
Tempera-Wasserfarben
dunkler Wachsmalstift
weiße Pappe
Pappe für die Schablone
Bleistift
Pinsel
Schere
Wasserglas

Alter:
ab 3 Jahren

Vorbereitung:
Schablone aus Pappe herstellen

Die Kinder ummalen mit einem Bleistift die vorbereitete Kreisschablone, übertragen so die Form auf ihre Pappe und schneiden sie aus. Dabei fällt kleinen Kindern das Ausschneiden viel leichter, wenn Erwachsene ihnen die Pappe hinhalten. Diesen Kreis malen die Kinder zunächst von der einen Seite mit Wasserfarbe an, legen ihn zum Trocknen und malen ihn anschließend auch noch von der anderen Seite bunt. Sobald die Farbe getrocknet ist, malen die Eltern mit einem dunklen Wachsmalstift vom Rand ausgehend eine Spirale auf den Kreis (s. Abb.). Nun schneiden die Kinder, wiederum mit Hilfe der Eltern, auf der dunklen Linie entlang, so daß aus dem Pappkreis eine Pappspirale entsteht. Diese Spirale sollte anschließend noch eine Zeit unter dicke Bücher gelegt und gepreßt werden, da sich die Spirale durch das Malen mit Wasserfarben immer etwas wellt und sich die meist noch etwas feuchte Pappe sonst zu stark aushängt. Wenn die Kinder die Spirale später mit ihren Eltern an einem Faden in ihrem Zimmer über die Heizung hängen, wird sie sich durch die aufsteigende Heizungsluft laufend drehen.

Sonnenkappe

Mit Hilfe der Schablone malen die Kinder die Form der Sonnenkappe auf ein Stück weiße Pappe und schneiden sie aus. Mit einem Locher stanzen sie an jede Seite ein Loch in die Kappe, das am besten beidseitig noch mit Lochverstärkern beklebt wird. Nun bemalen die Kinder ihre Kappe mit Wasserfarben oder Wachsmalstiften ganz nach ihren Wünschen. Sobald die Farben getrocknet sind, knoten die Eltern ein Stück Hutgummi an die Kappe, so daß die Kinder sie gleich an Ort und Stelle aufsetzen können. Der nächste Sommer kommt bestimmt!

Material:
Tempera-Wasserfarben oder Wachsmalstifte
weiße Pappe
Pappe für die Schablone
Bleistift
Pinsel
Schere
Hutgummi
Lochverstärker
Locher
Wasserglas

Alter:
ab 3 Jahren

Vorbereitung:
Schablone aus Pappe herstellen

Ostereiermobile

Material:
bunte Pappe
Pappe für die Schablonen
Wolle
Wachsmalstifte
Transparentpapier
buntes Papier oder Konfetti
Bleistift
Schere
Locher
Klebstoff
Nähgarn

Alter:
ab 3 Jahren

Vorbereitung:
Eierschablonen aus Pappe herstellen

Das Mobile besteht aus unterschiedlich großen Pappeiern, die von den Kindern mit Stiften bemalt und mit unterschiedlichen Materialien beklebt werden. Die Kinder übertragen die Formen der Eier mit Hilfe der Pappschablonen auf die weiße Pappe und schneiden diese anschließend aus. Dann können sie die Eier in verschiedenen Techniken verzieren. So können sie ein Ei von beiden Seiten mit Wachsmalstiften bemalen, eines mit selbstgelochtem Konfetti verzieren und eines mit kleinen, zusammengeknüllten Transparentkügelchen oder kleingeschnipselten Wollfäden bekleben. Diese schön verzierten Ostereier werden von den Eltern mit Nähgarn verbunden (s.Abb.), so daß sie in einer Reihe untereinander als Mobile ins Fenster gehängt werden können. Sicherlich sehen die Eier auch einzeln an einem Osterzweig sehr dekorativ aus.

Bilderbuchtip:
Der klitzekleine Hase und seine Freunde, Gerda Wagner, Marie-José Sacré, bohempress 1993

Luftballonmännchen

Die Füße des Luftballonmännchens werden von den Kindern mit Bleistift und mit Hilfe der Pappschablone auf eine feste Pappe übertragen und ausgeschnitten. Am Ende des Schnittes zwischen den Füßen sollte von einem Erwachsenen ein kleines Dreieck, wie in der Schablone eingezeichnet, ausgeschnitten werden.

Nun können die Kinder den Luftballon aufblasen, was für einige sicherlich noch etwas schwirig ist. Der Luftballon wird zugeknotet, und der Knoten in dem Schnitt zwischen den Füßen eingeklemmt. Kinder, die gerne malen, können die Pappfüße ihres Männchens mit Wachsmalstiften bunt anmalen. Anschließend schneiden sie ein paar lange Wollfäden zurecht, legen diese als Haare auf den Luftballonkopf und kleben sie mit Tesafilm fest. Vorsicht, denn einmal aufgeklebtes Tesafilm kann man auf gar keinen Fall wieder abziehen, da der Luftballon sonst sofort platzt! Jetzt fehlt dem Luftballonmännchen nur noch ein lustiges Gesicht, das die Kinder ihm mit einem wasserfesten Filzstift aufmalen. Erkennt sich da wohl jemand wieder?

Spielidee:
Jetzt kann das große Hüpfen losgehen, denn wenn die Kinder ihre lustigen Männchen in die Luft werfen, drehen sich diese und landen immer wieder auf den Füßen. Die Kinder entwickeln meist selbst die lustigsten Spiele mit ihren Luftballonmännchen. Entweder lassen sie sie um die Wette ganz hoch und ganz weit oder nach Musik durch die Gegend hüpfen.

Material:
Luftballon
Pappe
Wolle
Wachsmalstifte
Bleistift
wasserfester Filzstift
Tesafilm

Alter:
ab 3 Jahren

Vorbereitung:
Schablone aus Pappe herstellen

Schneemannmobile

Material:
weiße Pappe
evtl. schwarze Pappe
Pappe für die Schablonen
schwarzes und orangefarbenes
Kreppapier
Wachsmalstifte
Bleistift
Klebstoff
Schere
Nähgarn

Alter:
ab 3 1/2 Jahren

Vorbereitung:
Schablonen für den Schneemann herstellen

Für diese schöne Winterdekoration malen die Kinder die Konturen des Schneemanns mit Hilfe eines Bleistiftes und der drei vorgefertigten Pappschablonen auf ihre weiße Pappe und schneiden die Teile aus. Der Hut kann dabei entweder auch aus weißer Pappe ausgeschnitten und dann von den Kindern mit einem schwarzen Wachsmalstift angemalt werden, oder aber er wird gleich aus einem Stück schwarzer Pappe ausgeschnitten. Der Hut, der Kopf und der Bauch werden von den Eltern mit kleinen Nähgarnstückchen verbunden, so daß die drei Schneemannteile untereinanderhängen.

Jetzt können die Kinder ihrem Schneemann mit Wachsmalstiften schwarze Augen und einen Mund anmalen und aus einem kleinen orangefarbenem Kreppapierstreifen eine spitze Möhrennase drehen, die sie ihm ins Gesicht kleben. Aus schwarzem Kreppapier reißen sie kleine Stücke und knubbeln sie zu Kugeln. Diese kleben sie dem Schneemann als Knöpfe auf den Bauch. Da sich die einzelnen Teile des Schneemannes drehen, wenn er aufgehängt wird, ist es schön, wenn die Kinder ihren Schneemann beidseitig bemalen und bekleben.

Bilderbuchtip:
Lena und der Schneemann, Coby Hol, Nord- Süd- Verlag 1989

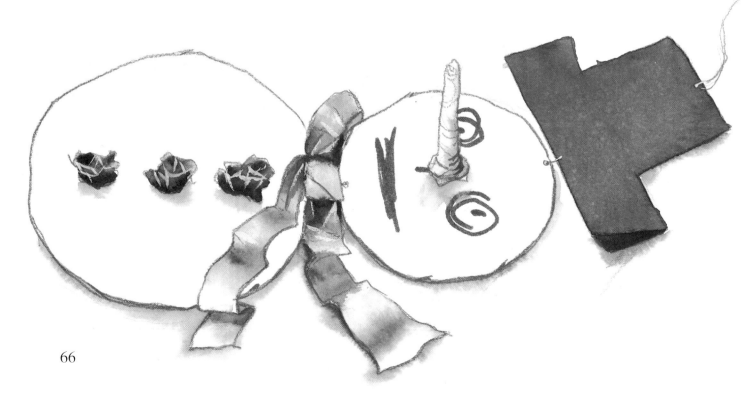

Goldpapiersternleuchter

Mit Hilfe der Pappschablone übertragen die Kinder mit einem Bleistift die Form des Sterns auf ihre Pappe und schneiden diesen aus. Dann schneiden oder reißen sie von verschiedenfarbigen Goldpapierbögen kleine Ecken und Stücke ab, die sie auf ihren Pappstern kleben, bis der Pappuntergrund nicht mehr zu sehen ist. Da die aufgeklebten Ecken von den Kindern oft sehr weit über die Sternform hinaus geklebt werden, können die Kinder ihren Stern zum Schluß noch einmal auf die linke Seite drehen und das überstehende Goldpapier abschneiden. Nun stellen die Kinder ein Teelicht auf ihren Stern und bewundern diesen mit leuchtender Kerze.

Material:
Goldpapier
dicke Pappe
Pappe für die Schablone
Bleistift
Schere
Klebstoff
Teelicht

Alter:
ab 3 Jahren

Vorbereitung:
Sternschablone aus Pappe herstellen

Puzzle

Ein erstes, einfaches Puzzle können die Kinder sehr gut selbst herstellen, sobald sie mit der Schere ein paar Schnitte beherrschen. Sie benötigen hierzu ein schönes, kleines Poster oder ein Bild mit einem geeigneten Motiv, das sie am besten in Kalendern, Kinderzeitschriften oder Reklameprospekten finden. Für die ersten Puzzleversuche sind besonders Bilder mit großen, klaren Motiven und guten Farbkontrasten geeignet; später können immer kompliziertere Motive ausgesucht werden. Das Bild, das die Kinder ausgesucht haben, kleben sie mit der Rückseite auf eine feste Pappe. Wichtig dabei ist, daß die ganze Fläche mit Klebstoff bestrichen wird, damit sich später nicht einzelne Puzzleteilecken von der Pappe lösen. Die Klebe läßt sich am besten flächendeckend verstreichen, wenn sie mit einem kleinen Pappstück gleichmäßig verteilt wird.

Nun dürfen die Kinder ihr Bild in große Stücke zerschneiden. Beim erstenmal reicht es sicherlich, daß sie das Motiv nur in 4 oder 5 Teile zerlegen und anschließend versuchen, es wieder zusammenzusetzen. Wenn ihnen das zu leicht erscheint, können sie es immer noch in weitere Teile zerlegen.

Wenn die Kinder besonderen Spaß an solchen Spielen haben, können sie auch gelegentlich alte Fotos zerschneiden und wieder zusammensetzen.

Material:
Pappe
kleines Poster oder Bild
Klebstoff
Schere

Alter:
ab 2 1/2 Jahren

Material:
Tempera-Wasserfarben
Fingerfarben
Wachsmalstifte
fester, weißer Karton
Bleistift
Pinsel
leere Garnrollen
Korkenstempel
Küchenmesser
Lineal
Wasserglas

Alter:
ab 4 Jahren

Vorbereitung:
Memorykarten auf festen Karton malen, Druckstempel aus Korken herstellen

Memoryspiel

Auf einen festen, weißen Karton malen die Eltern ein Raster, bestehend aus einigen Quadraten in der Größe von 10 x 10 cm für die späteren Memorykarten. Dieses Raster zerschneiden sie in Streifen, so daß die Kinder diese nur noch in einzelne Karten zerschneiden müssen.

Die Kinder bemalen oder bedrucken nun je zwei Karten des Spieles mit gleichen Farben, Formen, Zeichen oder Mustern. Die Karten können einfarbig mit Wasser- oder Fingerfarben angemalt, mit Fingern oder Stempeln bedruckt oder mit Wachsmalstiften bemalt werden. Dabei entwickeln die Kinder erfahrungsgemäß im Laufe ihrer Arbeit immer neue Ideen. Als Druckstempel eignen sich gut leere Nähgarnröllchen und Sektkorken, in die die Eltern mit einem Küchenmesser vorher verschiedene Motive (z.B. Dreieck, Viereck, Stern, Haus etc.) schneiden können. Die Farbe wird mit dem Pinsel auf die Stempelflächen aufgetragen. Alle fertiggestellten Kartenpaare werden zum Trocknen gelegt.

Spielidee:
Sobald die Farben getrocknet sind, können die Kinder ihr neues Spiel natürlich ausprobieren. Je nach Alter der Kinder kann das Spiel zunächst nur mit 6 oder 7 Paaren begonnen und dann später beliebig erweitert werden.

Schaffnerkelle

Aus einem festen Pappkarton schneiden die Kinder einen Streifen von ungefähr 3 x 15 cm zu und tackern diesen mit Hilfe der Eltern als Schaffnerkellengriff an den Bierdeckel (s. Abb.). Dann malen sie den Deckel mit Fingerfarbe auf einer Seite grün und auf der anderen Seite rot an und stellen die Schaffnerkelle zum Trocknen. In der Trockenzeit haben sicherlich die meisten Kinder Lust, noch weiter mit Fingerfarben auf Papier zu malen und zu experimentieren. Sobald aber die Schaffnerkellen getrocknet sind, können die Kinder mit ihnen spielen. Ganz ungeduldige Kinder können ihre Kelle auch trocken fönen. Und dann kann's endlich losgehen.

Material:
Fingerfarben
runder Bierdeckel
feste Pappe
Pinsel
Schere
Tacker

Alter:
ab 2 1/2 Jahren

Spielidee:
Mit Möbeln, Teppichen, Polstern, Tüchern und anderen Materialien bauen sich die Kinder ein Straßen- oder Eisenbahnnetz, auf dem sie als Autos, Busse, Züge oder Fahrräder herumfahren können. Dabei müssen sie die Zeichen derjenigen Kinder beachten, die mit ihren Kellen entweder Ampel- oder Zugsignale geben oder als Verkehrspolizisten auf einer Straßenkreuzung bestimmen, wer anhalten muß und wer weiterfahren darf.

Material:
Fingerfarben
runde Bierdeckel
Büromusterklammern
Schere
Pinsel
Dorn

Alter:
ab 3 ½ Jahren

Marienkäfer

Jedes Kind benötigt für den Marienkäfer zwei Bierdeckel. Einen der beiden Deckel teilen die Kinder in der Mitte durch und schneiden anschließend von beiden Hälften je ein Stück ab (s. Abb.). Dann malen sie den Bierdeckel und die beiden Deckelhälften von einer Seite mit roter Fingerfarbe an. Sobald die Farbe etwas getrocknet ist, wird mit schwarzer Fingerfarbe das Kopfstück und die Mittellinie auf den runden Bierdeckel und einige Punkte auf die Flügelhälften gemalt (s. Abb.). Dieses fällt den Kindern leichter, wenn sie einen Käfer als Anschauungsstück vor sich liegen haben. In die getrockneten Teile bohren die Erwachsenen mit einem Dorn oder einem anderen spitzen Gegenstand Löcher (s. Abb.). Nun stecken die Kinder je eine Musterklammer zuerst durch einen Flügel und dann durch den Körper des Käfers und biegen die Musterklammer hinten auseinander. Kleinere Kinder können auch einen Marienkäfer ohne Flügel nur aus einem runden Bierdeckel herstellen.

Bilderbuchtip:
Der kleine Käfer Immerfrech, Eric Carle, Gerstenberg Verlag 1985
Der Marienkäfer, Meyers kleine Kinderbibliothek 1991

Raupe Nimmersatt

Mit Fingerfarben malen die Kinder die fünf Bierdeckel entweder mit dem Pinsel oder mit den Händen in unterschiedlichen Farben an. Manche Kinder entscheiden sich vielleicht auch dafür, ihre Raupe nur mit einer einzigen Farbe anzumalen. Die Deckel werden zum Trocknen gelegt, so daß die Kinder in der Zwischenzeit mit der Fingerfarbe noch etwas anderes malen können. Da Fingerfarben aber nur sehr langsam trocknen, stellen die Kinder ihre Raupe am besten am nächsten Tag fertig.

Zwei der Bierdeckel werden mit dem Locher je einmal gelocht, während die übrigen drei Deckel jeweils an zwei sich gegenüberliegenden Stellen gelocht werden. Jetzt können die Kinder ihre Bierdeckel mit den Musterklammern verbinden und mit Wachsmalstiften der so entstandenen Raupe ein Auge und einen Mund auf den Kopf malen. Am Kopf wird nun noch mit dem Dorn ein kleines Loch gebohrt, damit hierdurch ein ungefähr 15 cm langes Stück Pfeifenputzer als Fühler gesteckt werden kann. Die beiden Pfeifenputzerenden werden zweimal umeinandergedreht (s. Abb.). Nun ist die Raupe Nimmersatt fertig, kann vom Tisch krabbeln und sich gemeinsam mit den Kindern ein Bilderbuch ansehen.

Bilderbuchtip:
Die kleine Raupe Nimmersatt, Eric Carle, Gerstenberg Verlag 1989

Material:
Fingerfarben
Wachsmalstifte
5 runde Bierdeckel
4 Büromusterklammern
Pfeifenputzer
Pinsel
Dorn
Locher

Alter:
ab 3 Jahren

Fliegender Bierdeckel

Material:
Fingerfarben oder
Tempera-Wasserfarben
runder Bierdeckel
Kreppapier
Pinsel
reißfestes Band
Locher
evtl. Wasserglas

Alter:
ab 3 1/2 Jahren

Der fliegende Bierdeckel ist ein schönes Spielzeug, das die Kinder gleich im Anschluß an die Bastelaktion im Raum oder besser noch draußen ausprobieren müssen.

Die Kinder stanzen mit einem Locher sechs Löcher in einen runden Bierdeckel, und zwar zunächst zwei sich direkt gegenüberliegende Löcher und anschließend rechts und links neben eines dieser beiden Löcher zusätzlich je zwei Löcher im Abstand von jeweils ca. 2 cm. So befinden sich nun auf einer Seite des Deckels ein Loch und auf der gegenüberliegenden Seite fünf Löcher nebeneinander (s. Abb.).

Der Bierdeckel wird von beiden Seiten mit Fingerfarbe bunt angemalt, so daß die Reklame anschließend möglichst nicht mehr zu sehen ist. Sollten die Kinder unbedruckte Filzdeckel haben, die man in einem Bastelgeschäft kaufen kann, können die Deckel auch mit Wasserfarben angemalt werden.

Während die Farbe trocknet, schneiden die Kinder fünf Kreppapierstreifen in verschiedenen Farben zurecht, die ungefähr 3 bis 4 cm breit und ca. 1 m lang sein sollten. Wenn die Fingerfarbe getrocknet ist, knoten die Kinder mit Hilfe der Eltern diese fünf Kreppapierstreifen in die fünf nebeneinanderliegenden Löcher, indem sie jedes Band doppelt legen, das Band mit der Knickstelle ein Stück weit durch ein Loch ziehen, die beiden Bandenden durch die entstandene Schlaufe ziehen und das Band vorsichtig anziehen (s. Abb.). Nun wird ein reißfestes Band von ca. 50 cm Länge auf die gleiche Art in dem letzten Loch befestigt und die beiden Enden des Bandes verknotet, so daß eine Schlaufe entsteht, in die die Kinder fassen können.

Da das Anknoten der Kreppbänder an die Bierdeckel etwas schwierig ist, können die Kinder die fünf Bänder auch an den Bierdeckel tackern. In diesem Fall brauchen sie zu Beginn auch nur ein Loch für das Band zum Festhalten stanzen.

Spielidee:
Jetzt können die Kinder mit ihren Bierdeckeln loslaufen und feststellen, daß diese mit den bunten, flatternden Bändern hinter ihnen herfliegen. Aber nicht vergessen, nach vorne zu schauen, auch wenn der Bierdeckel noch so schön hinterherfliegt! Andernfalls kann es zu schlimmen Zusammenstößen kommen.

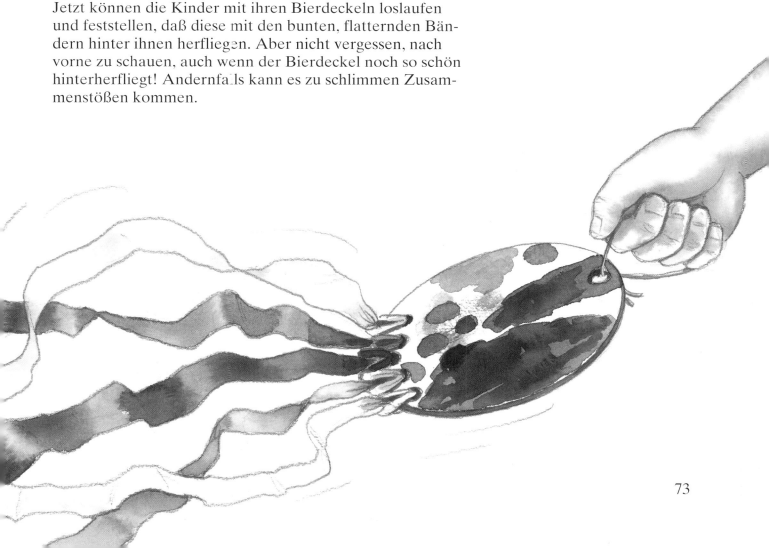

Papptellerhut

Material:
Pappteller
Kreppapier
Klebstoff
Gummiband
Wolle oder Geschenkband
Tacker
Dorn

Alter:
ab 3 Jahren

Mit der Schere schneiden die Kinder ihren Pappteller bis zur Mitte ein. Am Ende dieses Schnittes, in der Mitte des Tellers, wird von den Eltern ein kleiner Kreis ausgeschnitten, in den später die Kreppapierstreifen eingehängt werden. Jedes Kind schneidet ein paar Kreppapierstreifen in verschiedenen Farben in einer Länge von ca. 50-60 cm zurecht. Diese legen die Kinder übereinander und lassen sie von einem Erwachsenen an einem Ende zusammenknoten. Nun legen sie ihren Pappteller mit der Unterseite nach oben und klemmen ihren Kreppapierschwanz in den Pappteller ein, so daß der Knoten unter der glänzenden Seite des Tellers in der Mitte hängen bleibt (s. Abb.). Jetzt schieben die Kinder die beiden Schnittkanten des Tellers etwas übereinander und tackern den Hut so zusammen. Zur Verzierung des Hutes kleben sie kleine zusammengeknüllte Kreppapierkugeln darauf.

Mit einem Dorn bohren die Erwachsenen zwei sich gegenüberliegende Löcher in den Hut, in die ein Stück Hutgummi geknotet werden kann. Da einige Kinder die Gummibänder nicht gerne unter dem Kinn haben, kann man auch an jede Seite ein Stück Wolle oder Geschenkband knoten und die beiden Enden mit einer Schleife unter dem Kinn zusammenbinden.

Bunte Fische

Aus einem Pappteller können die Kinder schöne, bunte Fische als Wanddekoration herstellen. Hierzu schneiden sie aus den Papptellern ein Dreieck als Maul heraus und tackern zurechtgeschnittene Pappstücke als Schwanz und Flossen an den Teller. Sie malen ihre Fische ganz nach ihren Vorstellungen mit Fingerfarben bunt an. Sobald die Fische getrocknet sind, können die Kinder sie alle zusammen an einer Wand befestigen und so ein schönes Unterwasserbild herstellen.

Ganz ähnliche Fische können die Kinder herstellen, indem sie zwei Pappteller mit den Innenseiten so aufeinandertackern, daß ein flacher, plastischer Fisch entsteht. Auch hierbei können die Kinder Pappstücke als Schwanz und Flossen zwischen die beiden Teller tackern, ihnen ein Dreieck als Maul ausschneiden und die Fische dann rund herum bunt anmalen. Diese Fische können sie an einem Band ins Fenster oder unter die Kinderzimmerdecke hängen.

Bilderbuchtip:
Der Regenbogenfisch, Marcus Pfister, Nord-West-Verlag 1992

Material:
Fingerfarben
Pappteller
Pappe
Schere
Tacker

Alter:
ab 4 Jahren

Material:
Fingerfarben
Pappteller
grünes Kreppapier
Pappe
schwarzer Filzstift
Klebstoff
Schere
Tacker

Alter:
ab 3 Jahren

Frosch

Der Pappteller wird von den Kindern mit der glänzenden Seite nach innen in der Mitte geknickt. Die Innenseite des Tellers malen die Kinder mit Fingerfarbe rot und die Außenseite grün an, so daß der zusammengeklappte Teller nun schon ein wenig wie ein breites Froschmaul aussieht.

In der Zeit, in der die Fingerfarbe trocknet, schneiden die Kinder aus einem Stück Pappe einen schmalen Streifen für die Zunge des Frosches zurecht, den sie mit roter Fingerfarbe anmalen (s. Abb.). Auf den getrockneten Pappteller kleben sie zwei dicke, grüne Kreppapierkugeln als Augen, auf die sie mit schwarzem Filzstift dicke Pupillen malen. Jetzt malen die Kinder dem Frosch noch zwei schwarze, dicke Nasenlöcher und tackern die rote Zunge ins Maul. Wenn sie nun ihren Frosch in die Hand nehmen, können sie das Maul mit den Fingern zusammendrücken, so daß es auf und zu klappt. Quak, quak, quak.

Bilderbuchtip:
Frosch ist mutig, M. Velthuijs, Lentz Verlag 1995

Papprollen – Schachteln – Eierkartons

Fernglas

Jedes Kind malt zwei Papprollen mit Fingerfarben bunt an und legt sie zum Trocknen. Sobald die beiden Rollen getrocknet sind, können die Kinder sie mit einem Tacker zusammenheften und mit einem Dorn oder einem anderen spitzen Gegenstand an jeder Seite des Fernglases ein Loch bohren. In diese Löcher wird ein Wollfaden geknotet, damit die Kinder ihr Fernglas auf ihrer Safari um den Hals hängen und so nicht verlieren können.

Spielidee:
Mit den fertigen Ferngläsern starten die Kinder sofort eine Entdeckungsreise. So können sie sich gemeinsam zu einer Safari auf den Weg machen oder zu Spionen werden, die sich gegenseitig und natürlich die Erwachsenen heimlich beobachten.

Material:
Fingerfarben
je 2 Klopapierrollen
Wolle
Tacker
Dorn

Alter:
ab 2 1/2 Jahren

Musikinstrument

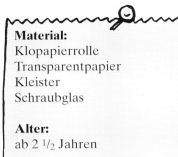

Material:
Klopapierrolle
Transparentpapier
Kleister
Schraubglas

Alter:
ab 2 ½ Jahren

Vorbereitung:
Kleister anrühren

In dem Schraubglas wird vor Beginn der Arbeit etwas Kleister mit Wasser angerührt. Die Kinder reißen das farbige Transparentpapier in kleine Schnipsel. Das Zerreißen des Papiers gelingt kleinen Kindern viel besser, wenn die Eltern das Papier vorher für sie in Streifen reißen oder schneiden. Alle Kinder sollen zunächst einen kleinen Berg von Papierschnipseln und ein etwas größeres Papierstück, mit dem eine der Papprollenöffnungen später zugeklebt werden kann, zurechtreißen. Erst danach sollten sie mit dem Kleistern beginnen, denn haben sie erst einmal Kleister an den Fingern, können sie mit ihren glitschigen Händen keine Papierschnipsel mehr reißen.

Jetzt kleistern die Kinder die ganze Rolle ein und kleben zuerst das große Transparentpapierstück über eine der beiden Rollenöffnungen. Anschließend verzieren sie die Rolle, indem sie viele bunte Papierschnipsel rund um die Rolle kleistern, bis nichts mehr von der Pappe zu sehen ist. Die Kinder dürfen dabei viel Kleister verwenden und mehrere Papierschichten übereinander kleben. Es dauert leider eine ganze Weile bis die Rollen getrocknet sind, so daß die Kinder ihre neuen Musikinstrumente erst ein oder zwei Tage später ausprobieren können, es sei denn, sie helfen beim Trocknen mit dem Fön nach.

Spielidee:
Nach dem Trocknen können die Kinder fest in die Öffnung der Papprolle pusten und feststellen, daß durch die Vibration der Transparentpapierschicht an der anderen Seite der Rolle interessante Töne entstehen, mit denen bestimmt auch das eine oder andere Lied begleitet werden kann.

Perlenrassel

Vor Beginn dieser Arbeit rühren die Kinder in einem Schraubglas mit Hilfe ihrer Eltern etwas Kleister mit Wasser an. Dann reißen sie viele kleine Transparentpapierschnipsel und zum Verschließen der beiden Rollenöffnungen zwei etwas größere Papierstücke zurecht. Wenn alle Kinder einen kleinen Haufen Papierschnipsel vor sich liegen haben, beginnen sie damit, die ganze Papprolle dick mit Kleister einzuschmieren. Sie verschließen zunächst mit einem größeren Stück Papier eine der Rollenöffnungen, füllen ein paar Perlen, Erbsen oder Reis in die Röhre, kleistern das andere Ende zu und verzieren anschließend die ganze Rolle rundherum mit vielen kleinen Schnipseln. Zwischendurch rappeln sie ihre Rollen schon einmal vorsichtig hin und her, um zu testen, ob die Perlen sich auch noch bewegen und nicht an den Röhren festgeklebt sind. Auch in der Trockenzeit sollten die so entstandenen Perlenrasseln hin und wieder geschüttelt werden.

Spielidee:
Diese Perlenrasseln können die Kinder als Musikinstrument zur Begleitung von allen möglichen Spielen und Liedern benutzen. Besonderen Spaß macht es, wenn jemand eine Geschichte von einem herannahenden Gewitter erzählt und die Kinder die Geschichte mit leisen und lauten Geräuschen passend zu den Regentropfen, zum prasselnden Regen, zum Blitz und zum Donner mit ihren Instrumenten begleiten können.

Material:
Klopapierrolle
Transparentpapier
Kleister
Schraubglas
Perlen
Erbsen oder Reis

Alter:
ab 2 ½ Jahren

Vorbereitung:
Kleister anrühren

Nikolaus

Material:
Klopapierrolle
rotes Kreppapier
weißes Papier
Watte
Filzstifte
Geschenkband
Klebestift

Alter:
ab 3 1/2 Jahren

Vorbereitung:
Schablone für das Nikolausgesicht herstellen

Für den Nikolausmantel schneiden die Kinder ein ungefähr 15 x 30 cm großes Stück rotes Kreppapier aus. Dieses legen sie vor sich auf den Tisch, legen die Papprolle auf die lange Papierseite und wickeln die Rolle so ein, daß an einer Seite ein kurzes Stück Papier (ca. 4 cm) und an der anderen Seite ein längeres Stück übersteht. Nun halten die Kinder die eingewickelte Rolle fest, und die Eltern binden das kurze Kreppapierende mit einem kleinen Stück Geschenkband zu. Die Papprolle wird noch einmal aus dem Papier genommen und das Papier von innen nach außen gedreht, so daß sich das abgebundene Ende jetzt im Papierinnern befindet. Die Papprolle wird wieder in das Papier gesteckt und das Papier mit einem Klebestift an die Rolle geklebt.

Mit Hilfe der Schablone übertragen die Kinder die Form des Gesichtes auf ein weißes Blatt Papier und schneiden sie aus. Sie malen mit Filzstiften Augen, Nase und Mund darauf. Das fertiggestellte Gesicht kleben sie mit der abgerundeten Seite nach unten auf die Rolle, zupfen etwas Watte als Bart zurecht und kleben sie ihrem Nikolaus ins Gesicht. Nun binden die Kinder das Kreppapier oben mit einem Stück Geschenkpapier zu, so daß es aussieht, als wenn der Nikolaus eine Zipfelmütze aufhätte. Die Eltern können im Nikolaus kleine Überraschungen für die Kinder verstecken.

Große Papprollenraupe

In einer Gemeinschaftsaktion können Kinder eine hübsche Raupe aus vielen Klopapierrollen als Dekoration für ihren Spielgruppenraum oder ihr Kinderzimmer basteln. Hierzu malen sie zunächst viele Klopapierrollen mit Fingerfarben bunt an und stellen sie zum Trocknen. Die getrockneten Rollen fädeln die Kinder auf ein reißfestes Band, so daß eine lange Raupe entsteht. In die letzte Rolle bohrt ein Erwachsener mit dem Dorn ein Loch und bindet das heraushängende Bandende dort fest.

Wenn man einen kleinen Plastikball besitzt, wird dieser an das andere Ende der Raupe geknotet. Mit dem Dorn werden zwei Löcher in den Ball gestochen, das Bandende mit der Häkelnadel durch die Löcher gezogen und dort verknotet. Nun hat die Raupe einen lustigen Kopf. Wenn sie auch noch Fühler bekommen soll, werden zwei weitere Löcher oben in den Kopf gebohrt und mit Hilfe einer Häkelnadel ein Stück Pfeifenputzer durch die Löcher gezogen. Die beiden herausstehenden Enden sind die Fühler der Raupe. Mit einem wasserfesten Filzstift kann eines der Kinder der Raupe zum Schluß noch ein lustiges Gesicht malen. Die Papprollenraupe muß natürlich nicht unbedingt einen Kopf aus einem Plastikball haben; sie ist sicherlich auch so ein dekorativer Schmuck, wenn sie unter die Zimmerdecke gehängt wird.

Material:
Fingerfarben
viele Klopapierrollen
Pinsel
dickes Band
Dorn
evtl. 1 kleiner Plastikball
Pfeifenputzer
wasserfester Filzstift
Häkelnadel

Alter:
ab 3 Jahren

Nachziehraupe

Material:
Tempera-Wasserfarben
ca. 6 Klopapierrollen
dickes Band (ca. 3 m lang)
Pinsel
Wasserglas

Alter:
ab 3 Jahren

Mit Wasserfarben malt jedes Kind ungefähr sechs Papprollen bunt an und trocknet sie. Nach dem Trocknen beginnen die Kinder gemeinsam mit ihren Eltern ihre Rollen auf ein ca. 3 m langes Band zu fädeln. Hierzu benötigen alle etwas Platz. Zuerst ziehen die Kinder das Band durch eine Papprolle und lassen an jeder Seite ein gleichlanges Stück des Bandes heraushängen. Dann legen sie eine zweite Rolle vor die erste und ziehen das rechte Band von rechts nach links und das linke Band von links nach rechts durch die zweite Rolle. Nun wird die dritte Rolle davor gelegt und diese in der gleichen Art und Weise aufgefädelt (s. Abb.). Sobald alle Rollen mit dieser Technik aufgezogen worden sind, werden die beiden Fadenenden vor der letzten Rolle verknotet. Dabei muß das Band zwischen den einzelnen Raupengliedern locker sein, damit diese sich später auf der Erde bewegen können. Damit die Kinder die Raupen an den übrig gebliebenen Bändern durch die Gegend ziehen können, läßt man ungefähr 50 cm der Bänder stehen, verknotet sie am Ende noch einmal und schneidet die Restfäden ab. Jetzt können die Kinder mit ihren Raupen spazieren gehen.

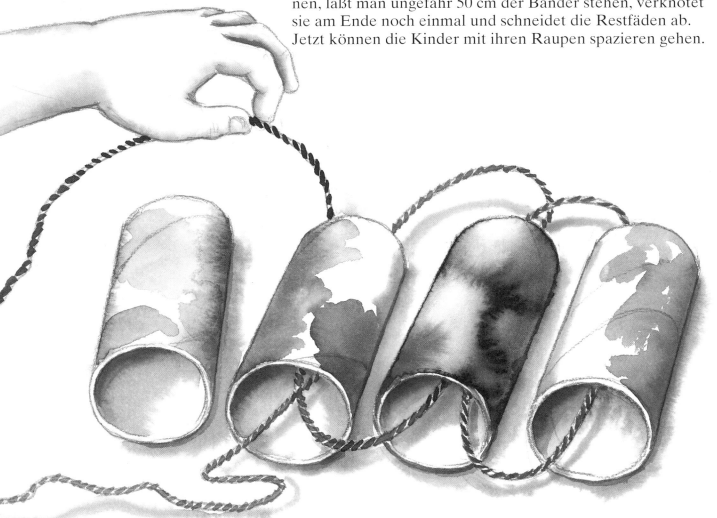

Geschenkbonbon

Für dieses schöne Geschenkbonbon schneidet jedes Kind
ein rechteckiges Kreppapierstück in der Größe von ungefähr 30 x 15 cm aus. Die Papprolle wird rundherum mit dem
Klebestift bestrichen und auf die lange Kreppapierkante
gelegt, so daß rechts und links ein ungefähr gleichlanger
Papierrand übersteht. Dann wickeln die Kinder die Rolle in
das Papier. Mit zwei Geschenkbändern binden sie das
Kreppapier an beiden Seiten zusammen, so daß die Papprolle nun wie ein großes Bonbon aussieht. Als Verzierung
können die Kinder ihre schönen Geschenkverpackungen
anschließend noch mit kleinen, bunten Kreppapierschnip-
seln bekleben. So nett verpackt lassen sich Kleinigkeiten auf
dem nächsten Kindergeburtstag besonders gut verschenken!

Material:
Klopapierrolle
buntes Kreppapier
Geschenkband
Klebestift
Schere

Alter:
ab 3 Jahren

schatzkiste

Aus kleinen Schachteln oder weißen Schuhkartons stellen
die Kinder die schönsten Schatzkisten für die Aufbewah-
rung kleiner Schätze oder auch schöne Geschenkverpackungen her. Unbedruckte Schachteln können die Kinder sowohl
mit Wachsmalstiften als auch mit Wasserfarben schön anmalen. Bedruckte oder beklebte Schachteln verzieren die Kinder, indem sie diese mit kleingerissenen oder kleingeschnit-
tenen dekorativen Papierschnipseln bekleben, bis von den
Aufdrucken nichts mehr zu sehen ist. Als Papier eignet sich
hierfür Geschenkpapier, Regenbogenpapier, Transparentpapier und Tonpapier. (Regenbogenpapiere sind in Regenbo-
genfarben eingefärbte Papierbögen, die es im Schreibwarenhandel zu kaufen gibt.) Die Papierschnipsel können sowohl
mit Klebstoff aus Flaschen oder Tuben als auch mit
angerührtem Kleister aufgeklebt werden. Sie werden staunen, welch hübsche Schachteln so entstehen! Vielleicht können die Kinder auch eine eigene Schatzkiste für ihre Stifte
und Bastelutensilien herstellen.

Material:
Wachsmalstifte oder
Tempera-Wasserfarben
weiße Schachtel oder
Schuhkarton
dekorative Papierreste
Klebstoff oder Kleister
Pinsel
Schraubglas
Wasserglas

Alter:
ab 2 1/2 Jahren

Material:
Tempera-Wasserfarben oder
dekorative Papiere
weiße Schuhkartons
Pinsel
Klebstoff
Schere
Wasserglas

Alter:
ab 3 Jahren

Tast- und Fühlkisten

Die Schuhkartons werden von den Kindern mit Wasserfarben bemalt oder mit dekorativen Papierschnipseln von Geschenk-, Transparent- oder Tonpapier beklebt. Dann schneiden die Eltern in die Stirnseite jedes Kartons ein Loch, gerade so groß, daß eine Kinderhand hindurchpaßt. In jeden Karton werden nun geheimnisvoll verschiedene Gegenstände oder Materialien wie Watte, Schwämme, Fell etc. gelegt, ohne daß die Kinder diese vorher sehen können. Die gefüllten Kartons werden mit den Deckeln verschlossen und auf einen Tisch gestellt.

Spielidee:
Die Kinder greifen vorsichtig durch die Löcher in die Kisten, ertasten die darinliegenden Gegenstände oder Materialien und erraten sie. Sie sollten möglichst nicht laut sagen, was sie erfühlt haben, sondern die Antwort den Eltern ins Ohr flüstern, was allerdings nur selten gelingt. Anschließend können die Kinder ihre Kisten neu füllen und andere Kinder diese Gegenstände erraten lassen. Vielleicht paßt ja auch die eine oder andere Hand der Erwachsenen in die Kisten, so daß sie mitraten können, was versteckt worden ist. Viel Spaß dabei!

Material:
runde Käseschachtel
Kreppapier
Schere
Tacker
Bindfaden
60 cm langer Holzstab
Dorn

Alter:
ab 3 1/2 Jahren

Windspiel

Dieses schöne Windspiel für den Balkon oder den Garten können die Kinder sehr gut selbst bauen. Hierzu schneiden sie zunächst einige bunte Kreppapierstreifen zu, die ungefähr 3 bis 4 cm breit und ca. 50 cm lang sind. Dann trennen die Kinder vorsichtig den Boden aus einer Käseschachtel und tackern die bunten Kreppapierstreifen von außen rund um den Schachtelring. Dabei setzen sie die Streifen jeweils mit der kurzen Seite an der abgerundete Kante des Pappringes an und tackern die Streifen schuppenförmig etwas übereinanderlappend an den Ring (s. Abb.).

Mit dem Dorn werden drei Löcher in den Ring gebohrt, und zwar so, daß die Abstände zwischen den Löchern möglichst gleich groß sind. In jedes Loch wird ein ca. 40 cm langer Bindfaden geknotet. Die drei Fadenenden werden im Abstand von 25 cm zum Schachtelring zusammengeknotet.

Auch dabei sollten alle drei Fäden gleich lang bleiben, so daß der Knoten genau über der Schachtelmitte ist. Das Windspiel wird mit den restlichen Fadenenden an einen Stock gebunden, der dann in einen Balkonkasten gesteckt oder an einem Gartenzaun befestigt werden kann. Als Stöcke eignen sich Holzstäbe oder Bambusstöckchen. Bei entsprechendem Windzug stellt der Pappring sich in den Wind und die Papierstreifen beginnen zu flattern und rauschen. Das Windspiel ist natürlich nicht wetterfest, so daß die Kinder es bei Regen mit ins Haus nehmen müssen.

Spielidee:
Die Kinder können mit ihrem Windspiel auch ohne Wind spielen, indem sie mit dem erhobenen Stöckchen laufen, so daß die bunten Bänder hinter ihnen herflattern. Dabei dürfen sie nicht vergessen, nach vorne zu schauen, damit es nicht zu bösen Zusammenstößen kommt!

Material:
Tempera-Wasserfarben oder
Wachsmalstifte
kleine runde Dose
Papier
Schere
Klebstoff
evtl. selbstklebende Buchfolie
Wasserglas

Alter:
ab 3 Jahren

Sammel- und Schatzdosen

Kinder lieben Dosen und Kisten, in denen sie all ihre Schätze sammeln können. Kleine, runde Dosen können sie sehr gut mit verschiedenen dekorativen Papieren bekleben.

Als Dosen eignen sich z.B. leere Espressokaffeedosen oder runde Dosen, in denen Soßenpulver oder Schokoladenbonbons verpackt waren. Zur Verzierung dieser Dosen schneiden die Eltern ein Papier zurecht, das genau so hoch wie die Dose und 2 bis 3 cm länger als der Dosenumfang ist. Dieses Papier können die Kinder entweder ganz nach ihren Wünschen mit Wachsmalstiften oder Wasserfarben anmalen oder aber daraus *Tropfbatikpapiere* oder *Zauberbilder* machen. Die Anleitungen zu diesen Techniken befinden sich in den entsprechenden Kapiteln. Zum Schluß werden die dekorativen Papiere von den Kindern um die Dosen geklebt. Damit die Dosen lange schön bleiben, können die Eltern sie zusätzlich mit einem Stück selbstklebender Bücherfolie umkleben.

Material:
helles und dunkles Transparentpapier
runde Käseschachtel
Klebstoff
Schere
Tacker
Teelicht
Blumendraht
doppelseitiges Klebeband

Alter:
ab 3 1/2 Jahren

Transparentpapierlaterne

Die Kinder schneiden aus einem dunklen Stück Transparentpapier ein Rechteck, das ungefähr 15 cm breit und 2 bis 3 cm länger als der Umfang der Käseschachtel ist. Dieses Rechteck legen die Kinder im Hochformat vor sich und falten eine Ziehharmonika daraus (s. Abb.). Sie schneiden beidseitig aus dem gefalteten Papier kleine Ecken, Kreise und Zacken aus. Am besten geht dies, wenn die Eltern ihnen den Streifen dabei festhalten. Mit großem Staunen über die eigenen Zauberkünste betrachten die Kinder ihre Werke, wenn sie die Papierstreifen wieder auseinanderfalten; sie falten ihre Kunstwerke oftmals nach jedem Schnitt wieder auseinander und bestaunen sie.

Dieses nun schön gemusterte Papier bestreichen die Kinder von einer Seite mit Klebe, legen es auf ein anderes, helles Stück Transparentpapier und drücken es fest an. Das überstehende helle Papier wird nun rundherum abgeschnitten.

Aus der Käseschachtel werden die beiden Pappböden vorsichtig herausgedrückt. Nach Möglichkeit verwendet jedes

Kind entweder die zwei Deckel oder Böden von zwei gleichen Käseschachteln, da dann beide Laternenringe gleich groß sind. Die Längsseite des Papiers wird von Kindern und Eltern zusammen rund um einen Schachtelring getackert (s. Abb.). Den zweiten Ring stecken die Kinder auf der anderen Seite in die Laterne und tackern auch ihn fest. Jetzt wird ein Pappboden als Laternenboden wieder in einen Ring gedrückt und ein Teelicht in die Laterne gesetzt, das natürlich sofort angezündet werden muß.

Wenn aus der Tischlaterne eine Martinslaterne werden soll, kann leicht ein Stück Blumendraht als Bogen an der Laterne befestigt werden. In diesem Falle sollte das Teelicht mit einem Stück doppelseitigem Klebeband auf den Boden der Laterne geklebt werden, damit es beim Tragen nicht verrutschen und das Kunstwerk in Brand setzen kann.

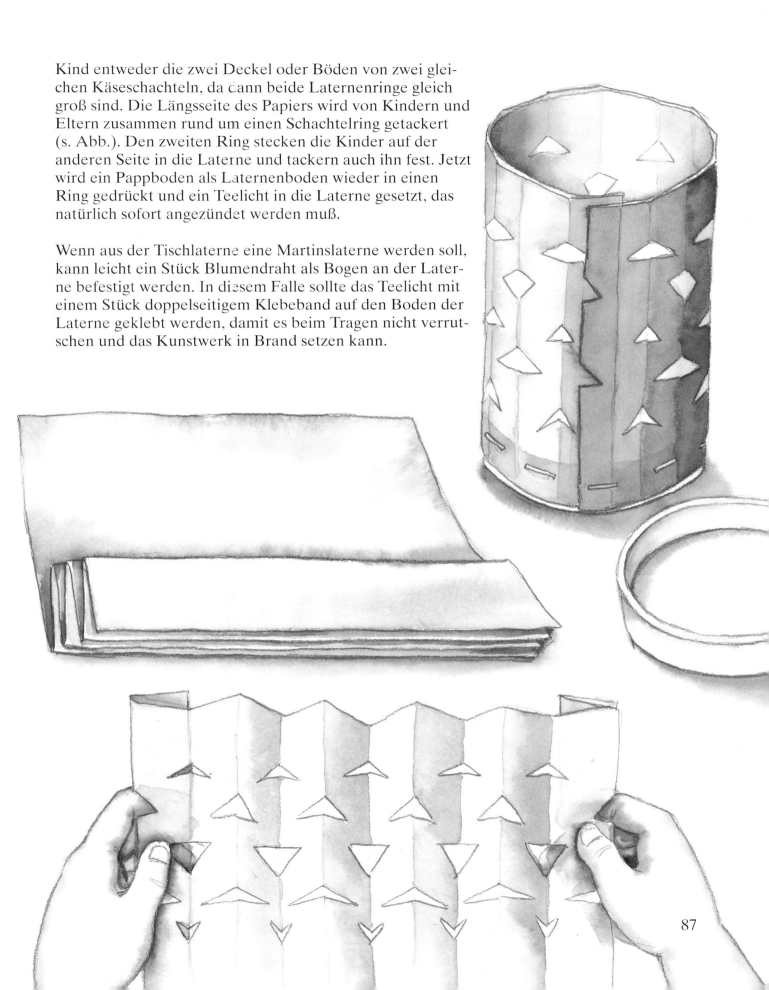

87

Material:
bienenwachshaltige Wachsmalstifte
Architektenpapier
Käseschachtel
Schere
Tacker
Bügeleisen
Zeitungspapier
Teelicht

Alter:
ab 3 1/2 Jahren

Kleine Tischlaterne

Für diese hübsche Tischlaterne wird stabiles Transparentpapier (Architektenpapier) benötigt, das im Schreibwarenhandel erhältlich ist, sowie Wachsmalstifte, die einen hohen Bienenwachsanteil haben, also nicht abwaschbar sind. Es müssen bienenwachshaltige Stifte benutzt werden, da die Farben durch die Hitze des Bügeleisens schmelzen müssen. Diese Wachsmalstifte erhält man in manchen Schreibwarenläden und in fast allen Bioläden.

Die Kinder malen ein ca. 20 x 35 cm großes Stück Architektenpapier ganz dick und flächendeckend mit den Wachsmalstiften bunt an. Je dicker der Farbauftrag ist, um so schönere Farbeffekte entstehen, so daß die Kinder unbedingt ermuntert werden sollten, die Wachsmalfarben ganz dick aufzutragen. Dann falten sie das Papier einmal in der Mitte, so daß die beiden Farbschichten aufeinander liegen, legen es auf ein Stück Zeitungspapier und bügeln es mit Hilfe der Eltern, bis die Farben zwischen dem Architektenpapier schön zerfließen. Zum Schutz des Bügeleisens sollte ein Blatt Zeitungspapier zwischen das Laternenpapier und das Bügeleisen gelegt werden. Sobald die Farben geschmolzen sind und bevor sie wieder erkaltet sind, ziehen die Kinder das Transparentpapier auseinander. Sie können nun sehen, wie schön sich ihre Farben vermischt haben.

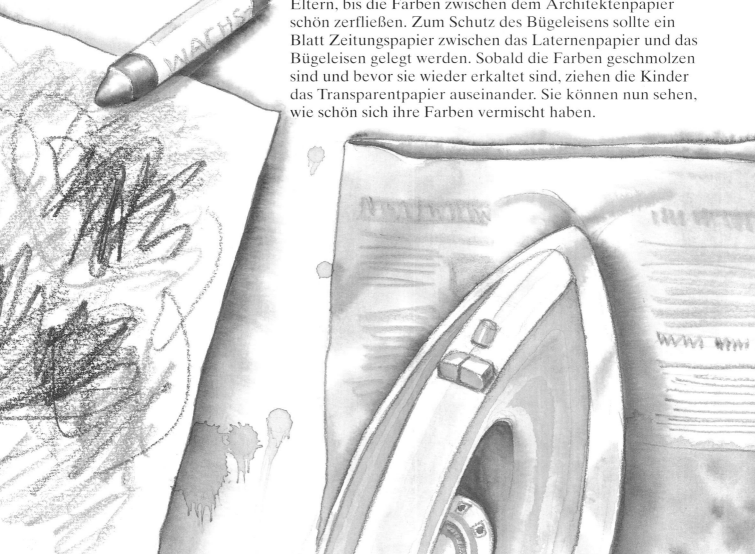

Da an den Rändern des Papiers bei dieser Technik meist nicht so gute Farbeffekte entstehen, schneiden die Eltern aus der Mitte des Papiers ein Stück zu, das 12 cm hoch und 2 bis 3 cm länger als der Käseschachtelumfang ist. Die Kinder drücken die Pappböden aus beiden Schachtelringen und tackern mit ihren Eltern die beiden Schachtelringe an den unteren und oberen Rand des Papiers. Auch bei dieser Laterne ist es besser, wenn die Kinder von zwei gleichen Käseschachteln nur die beiden Deckel bzw. Böden verwenden, damit die Ringe auch gleich groß sind. Dann drücken die Kinder einen Pappboden zurück in die Laterne und stellen ein Teelicht hinein, das die Wachsmalfarben und die schönen Muster erst richtig zum Leuchten bringt.

Material:
buntes Papier oder Konfetti
selbstklebende Buchfolie
runde Käseschachtel
Schere
Locher
Tacker
Blumendraht
Teelicht
Laternenstab
evtl. Figurenlocher
doppelseitiges Klebeband

Alter:
ab 3 Jahren

Konfettilaterne

Jedes Kind schneidet zwei gleich große Buchfolienstücke zu, die ungefähr 15 cm breit und 3 bis 4 cm länger als der Käseschachtelumfang sind. Dann lochen die Kinder mit einem Locher aus bunten Papierresten einen kleinen Haufen Konfetti; besonders schön ist auch Konfetti, das mit speziellen Figurenlochern gelocht worden ist.

Von einer Folie ziehen die Kinder nun das Papier ab, legen sie mit der nichtklebenden Seite auf den Tisch und verteilen ihr buntes Konfetti auf der Klebeseite. Anschließend ziehen sie auch das Papier von dem zweiten Folienstück ab und legen dieses mit Hilfe der Eltern mit der Klebeseite auf die Klebeseite der ersten Folie, so daß das Konfetti zwischen den beiden Folien eingeschlossen ist. Das Aufkleben der zweiten Folie ist gar nicht so einfach, denn die lockeren Konfettistückchen fliegen gegen die Folie, sobald man mit dieser in die Nähe der beklebten Folie kommt. Die Kinder amüsieren sich köstlich darüber.

Nun drücken die Kinder vorsichtig beide Böden aus den Käseschachtelteilen. Wenn die Kinder zwei gleiche Käseschachteln haben, sollten sie am besten die zwei Deckel oder die zwei Böden verwenden, da dann die Ringe auch gleich groß sind. Mit Hilfe der Eltern tackern die Kinder die Längsseiten der Folien zunächst rund um den einen und dann um den anderen Schachtelring. Anschließend drücken sie den Käseschachtelboden in einen der Ringe zurück und kleben mit einem kleinen Stückchen doppelseitigem Klebeband ein Teelicht darauf fest. Die Erwachsenen befestigen ein Stück Blumendraht am oberen Rand, so daß die Kinder einen Laternenstab dort einhaken und gleich einen kleinen Laternenumzug starten können.

Dampfer

Von dem Eierkarton schneiden die Kinder den Deckel und den kleinen Streifen an der gegenüberliegenden Seite ab, denn nur das Bodenteil wird als Schiffsrumpf für den Dampfer benötigt. Die Klopapierrolle wird als Schornstein auf den zweiten Mittelzapfen in den Eierkarton gesetzt. Hierzu schneiden die Eltern den Eierkarton für ihre Kinder viermal rund um diesen Zapfen mit der Schere ein (s. Abb.), so daß die Kinder die Klopapierrolle als Schornstein in diese Einschnitte drücken können.

Die Kinder malen ihr Schiff mit Wasserfarben bunt an, lassen es kurz trocknen und kleben etwas Watte als Dampf in den Schornstein. Vorne am Dampfer befestigen die Eltern einen langen Wollfaden, an dessen Ende eine leere Haushaltspapierrolle geknotet wird.

Material:
Tempera-Wasserfarben
10er-Eierkarton
Klopapierrolle
Haushaltspapierrolle
Wolle
Klebstoff
Pinsel
Schere
Wasserglas

Alter:
ab 3 1/2 Jahren

Spielidee:
Die Kinder stellen alle Dampfer im Raum nebeneinander auf, wickeln ihre Bänder gleich lang ab und beginnen auf ein Kommando hin, ihre Schiffe zu sich zu ziehen, indem sie ihre Bänder auf die Papprolle wickeln. Besonderen Spaß macht es den Kindern natürlich, wenn jemand am anderen Ende einen Kapitän oder eine kleine Überraschung in die Boote gesetzt hat.

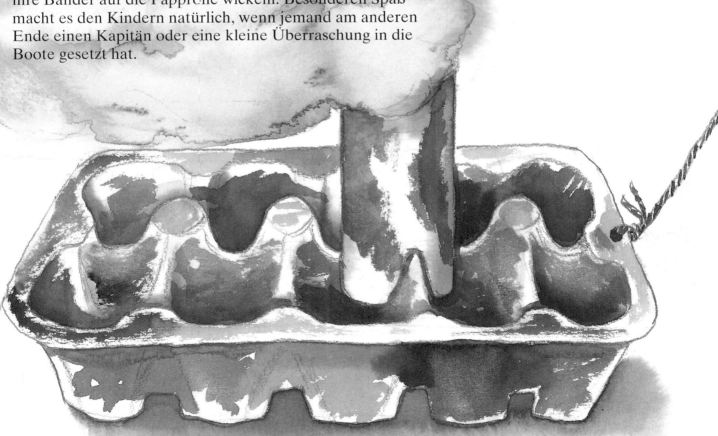

Eierkartonraupe

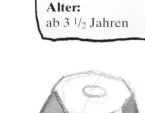

Material:
Tempera-Wasserfarben
10er-Eierkarton oder
30er-Eierpalette
Pfeifenputzer
schwarzer Filzstift
Schere
Pinsel
Dorn
Wasserglas

Alter:
ab 3 1/2 Jahren

Von einem 10er-Eierkarton oder einer 30er-Eierpalette schneiden die Kinder eine Zapfenreihe ab. Diese malen sie mit Wasserfarben bunt an. Sobald die Farben getrocknet sind, bohren die Eltern zwei Löcher in einen Zapfen am Ende der Reihe, und die Kinder ziehen ein Stück Pfeifenputzer als Raupenfühler hindurch. Mit einem Filzstift malen die Kinder ihrer Raupe Augen und einen Mund, und schon kann die kleine Raupe über den Tisch krabbeln.

Bilderbuchtip:
Die kleine Raupe Nimmersatt, Eric Carle, Gerstenberg Verlag 1989

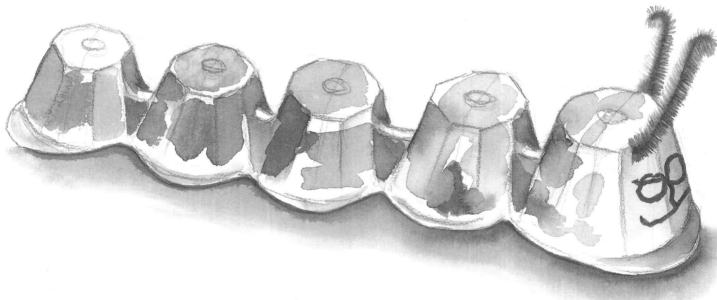

Krokodil

Material:
grüne und rote Fingerfarben
10er-Eierkarton
6er-Eierkarton
weißer Fotokarton
grünes Kreppapier
Klebstoff
Pinsel
Tacker

Alter:
ab 4 Jahren

Für dieses Krokodil benötigt jedes Kind einen 10er- und einen 6er-Eierkarton; beim 6er-Karton werden Deckel- und Bodenteil auseinandergeschnitten. Den großen Karton und die beiden kleinen Kartonhälften malen die Kinder von außen mit grüner Fingerfarbe an; die Teile des kleinen Kartons werden zusätzlich innen rot angemalt.

Sobald die Farben getrocknet sind, verbinden die Eltern die Kartons an den kurzen Seiten mit Musterklammern. Der große Eierkarton wird hierzu mit der Unterseite nach oben gelegt, da diese einem Krokodilrücken sehr ähnlich sieht.

92

Die untere kleine Eierkartonhälfte wird mit der roten Seite nach oben vor den großen Karton gelegt, und der große Karton wird aufgeklappt. Nun stechen die Eltern mit einem Dorn vom kleinen Karton aus zwei Löcher durch beide Kartons, so daß die Kinder die beiden Kartons mit zwei Musterklammern verbinden können (s. Abb.). Die zweite kleine Kartonhälfte wird mit der roten Seite nach unten in der gleichen Technik an das Krokodil geheftet, so daß nun ein Krokodil mit leicht aufstehendem Maul entstanden ist.

Aus zwei Stücken grünem Kreppapier knubbeln die Kinder dicke Papierkugeln als Glupschaugen, kleben sie auf den Kopf und malen mit dem schwarzen Filzstift dicke Pupillen darauf. Kinder, die schon gut mit der Schere umgehen können, können ihren Krokodilen aus weißer Pappe noch spitze, scharfe Zähne schneiden und diese in das Krokodilmaul kleben. Sieht es jetzt nicht gefährlich aus?

Bilderbuchtip:
Leopold und der Fremde, Stefan Brülhart, Verlag pro juventute 1993
Krokidol, Stefan Brülhart, Verlag pro juventute 1991

WOLLE – STOFF – WATTE

Osterküken

Material:
gelbe Wolle
etwas blaue Wolle
feste Pappe oder
2 runde Bierdeckel
rotes Tonpapier oder Filz
Klebstoff
Schere
Tacker
Bleistift

Alter:
ab 3 Jahren

Vorbereitung:
Kükenschablone aus Pappe herstellen

Das Zerschneiden von Wolle macht den Kindern immer großen Spaß, besonders wenn die Eltern ihnen Wollfäden gespannt hinhalten. Wenn die Kinder einen ganzen Berg von gelben Wollfäden schnipseln, können sie daraus ein schönes Wollküken basteln.

Die Kinder malen zunächst mit Hilfe der Schablone ein Küken auf ein Stück Pappe und schneiden es aus. Kinder, die noch nicht so gut schneiden können, basteln die Kükenform aus zwei runden Bierdeckeln. Hierzu schneiden die Eltern einen der beiden Bierdeckel als Kükenkopf etwas kleiner, und die Kinder tackern diesen an den anderen Bierdeckel, so daß auf diese Weise ihre Kükenform entsteht (s. Abb.).

Die fertige Kükenform bestreichen die Kinder von einer Seite mit Klebstoff, verteilen die Wollschnipsel darauf und drücken sie fest; das gleiche wiederholen sie auf der anderen Seite. Nun kleben sie zwei kleine, blaue Wollkugeln als Augen auf eine Kükenseite und schneiden aus einem Stück roten Tonpapier oder Filz einen Schnabel, den sie ebenfalls in das Kükengesicht kleben. Natürlich können die Kinder ihrem Küken auch auf jede Kopfseite ein Auge und den Schnabel dann dementsprechend auf die Deckelkante kleben (s. Abb.). Auf diese Art und Weise können Küken in Front- oder Seitenansicht entstehen. Nun können die lustigen Küken mit Fäden aufgehängt werden.

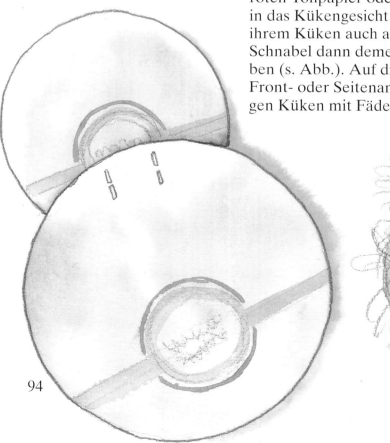

94

Wolligel

Jedes Kind schneidet einen kleinen Berg von bunten Wollfäden zurecht. Anschließend ummalen die Kinder die Igelschablone mit dem Bleistift und übertragen so den Igel auf ihre Pappe. Diesen schneiden sie aus, bestreichen ihn von einer Seite mit Klebstoff und drücken einen Teil der Wollfäden darauf. Ebenso bestreichen sie die andere Seite der Pappe mit Klebstoff und drücken die restlichen Wollfäden darauf fest. Aus auffällig anders gefärbter Wolle knubbeln die Kinder zwei Kugeln zurecht, von denen sie ihrem Igel je eine als Auge auf jede Seite kleben.

Bilderbuchtip:
Ich bin der kleine Igel, Gerda Muller, Ravensburger Verlag 1995
Die Geschichte om kleinen Igel, Elisabeth Zink- Pingel, Marliese Arold, Herder Verlag 1995

Material:
Wollreste
Pappe
Klebstoff
Schere
Bleistift

Alter:
ab 3 Jahren

Vorbereitung:
Igelschablone aus Pappe herstellen

Teddybär

Material:
Wolle
feste Pappe
Klebstoff
Bleistift
Schere

Alter:
ab 3 1/2 Jahren

Vorbereitung:
Teddybärenschablone aus Pappe anfertigen

Mit der Teddybärenschablone übertragen die Kinder den Teddybären auf die Pappe, schneiden ihn aus und schnibbeln viele kleine naturfarbene Wollfäden zurecht. Haben alle genügend Wolle für beide Bärenseiten geschnitten, bestreichen sie ihren Teddybären von einer Seite mit Klebstoff, verteilen die Wollfäden darauf und drücken diese etwas fest. Das gleiche wiederholen sie auf der anderen Bärenseite. Aus zwei farblich sich von der Bärenfarbe absetzenden Wollfäden werden zwei Kugeln geformt, die dem Bären als Augen ins Gesicht geklebt werden.

Die Kinder bekleben die Schablone meist so dick mit Wollfäden, daß von der Bärenform nicht mehr viel zu sehen ist. Deshalb schneiden sie zum Schluß die überstehenden Fäden rund um die Pappe mit einer scharfen Schere ab. Jetzt kann der Teddybär an einem Faden ins Kinderzimmerfenster gehängt werden.

Bilderbuchtip:
Ich habe einen Teddy, Gerda Muller, Ravensburger Verlag 1991
Der alte Bär, Jane Hissey, Ravensburger Verlag 1986

Löwe

Die Kinder übertragen den Löwen mit Hilfe der Schablone auf die Pappe und schneiden ihn aus. Sie bestreichen die Pappe gleichmäßig mit Klebstoff, indem sie die Klebe mit einem Pappstückchen dünn auf der ganzen Fläche verteilen. Der Klebstoff darf nicht zu dick aufgetragen werden, da er sich sonst zu stark durch den Stoff drückt und Flecken verursacht. Nun legen die Kinder ein Stück braunen Stoff oder Filz darauf. Die überstehenden Stoffreste werden mit einer scharfen Schere von der linken Seite abgeschnitten. Auf ein Stück hellen Stoff malen die Kinder mit Hilfe der zweiten Schablone das Löwengesicht, schneiden es aus und kleben es auf den braunen Löwenkopf.

Jetzt schneiden alle Kinder Wollfäden für die Mähne zurecht, bestreichen den Rand des Löwenkopfes mit Klebe und legen die Wollfäden einzeln rund um das Löwengesicht. Dies ist gar nicht so einfach, weil die Wollfäden ständig an den Fingern kleben bleiben. Am besten reichen die Eltern die Fäden einzeln an, und die Kinder legen sie zunächst nur vorsichtig auf den Kleberand, ohne die Klebe zu berühren und drücken erst zum Schluß alle Fäden zusammen mit den Fingern oder mit einer Schere an. Auch an das Schwanzende werden ein paar Wollfäden geklebt, damit der Löwe auch einen typischen Löwenschwanz erhält. Mit einem schwarzen Filzstift malen die Kinder zum Schluß ihrem Löwen ein Gesicht mit Augen und Mund.

Bilderbuchtip:
Ich bin der kleine Löwe, Amrei Fechner, Ravensburger Verlag 1987
Die Löwenkinder, Józef Wilkon, Middlehauve Verlag 1968

Material:
Wollreste
brauner Stoff oder Filz
Pappe
Klebstoff
Schere
Bleistift
Filzstifte

Alter:
ab 4 Jahren

Vorbereitung:
Schablonen für den Löwen und das Löwengesicht herstellen

Die kleine Hexe

Material:
weißer Stoff
bunte Stoffreste
Watte
Gummiring
Filzstifte
Klebstoff
Schere

Alter:
ab 3 1/2 Jahren

Zuerst schneiden die Kinder mit einer scharfen Schere ein Quadrat in der Größe von ungefähr 45 x 45 cm aus weißem Stoff zu und legen es vor sich auf den Tisch. Dann formen sie ein Stück Watte zu einer dicken Kugel und legen diese als Kopf in die Mitte des Stoffes. Sie spannen den Stoff um die Kugel, raffen ihn am Hals der Handpuppe zusammen und halten den Kopf solange fest, bis die Eltern den Gummiring, zwei- bis dreimal doppelt gelegt, um den Hexenhals gespannt haben. Nun bohren sie mit dem Zeigefinger in den Wattekopf und testen, ob das Gummiband eventuell noch etwas strammer oder lockerer gemacht werden muß. Aus buntem Stoff schneiden die Kinder ein Dreieck als Kopftuch zu, das über den Kopf gelegt und mit den Spitzen vorne unter den Gummiring geklemmt wird. Sie schneiden ein paar kleine Ecken aus bunten Stoffresten, die sie mit Klebstoff auf das Hexengewand kleben. Nun brauchen die Kinder ihren Hexen nur noch Gesichter mit Filzstiften anzumalen. Und schon geht es auf zum Hexentanz!

Bilderbuchtip:
Die kleine Hexe hat Geburtstag, Lieve Baeten, Oetinger Verlag 1995

Das kleine Gespenst

An dieser lustigen Gespensterhandpuppe haben die Kinder bestimmt großen Spaß. Hierzu schneiden sie mit einer scharfen Schere ein Stück weißen Stoff in der Größe von ungefähr 50 x 50 cm zu. Dieses Quadrat legen sie vor sich, formen einen dicken Wattekugelkopf und legen ihn in die Mitte des Tuches. Sie nehmen die Stoffecken hoch, spannen den Stoff um den Wattekopf und raffen ihn am Hals des Gespenstes, dicht unter dem Kopf, zusammen. Die Eltern legen einen Gummiring je nach Größe ein-, zwei- oder dreimal übereinander und spannen ihn um den Gespensterhals. Jetzt dürfen die Kinder schon einmal ihre Hand in die Handpuppe stecken, um ein Loch für den Zeigefinger in den Wattekopf zu bohren und um auszuprobieren, ob das Gummiband auch nicht zu stramm gespannt worden ist. Sollte das der Fall sein, müssen die Eltern dies noch einmal korrigieren. Am schönsten sieht das Gespenst aus, wenn die vier Stoffspitzen des Gewandes nach vorne, hinten, rechts und links zeigen. Dann malen die Kinder ihren Gespenstern mit einem schwarzen Filzstift dicke, runde, schwarze Augen auf, und schon kann der Flug der kleinen Gespenster losgehen.

Material:
weißer Stoff
Watte
Gummiring
schwarzer Filzstift
Schere

Alter:
ab 3 Jahren

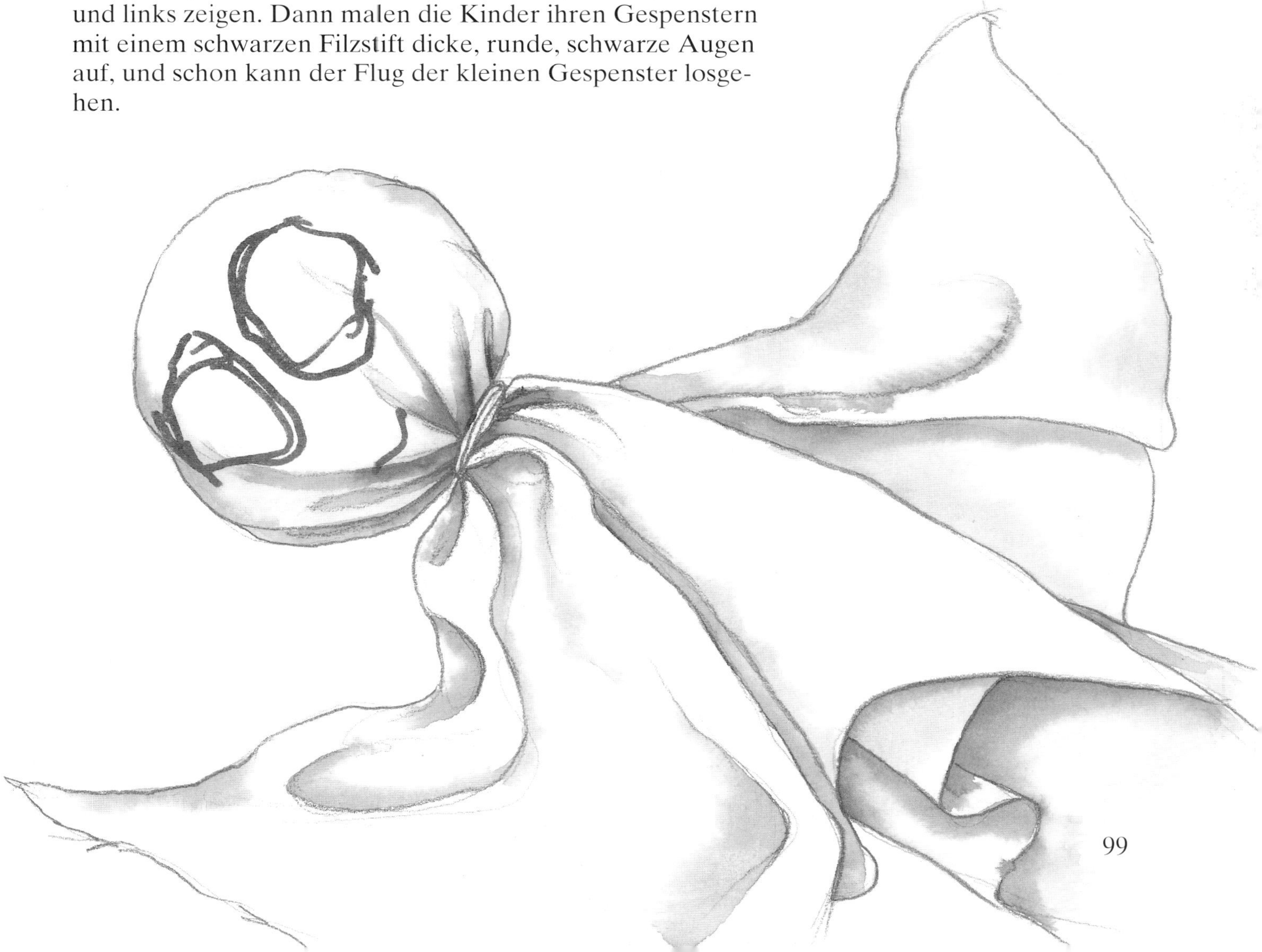

Stoffdruck

Material:
Stoffmalfarben
weißer Stoff
Korken
Küchenmesser
Garnrollen
Stempelkissen aus Schraubdeckeln und Schaumstoff
Schere
Bügeleisen
evtl. Zick-Zack-Schere

Alter:
ab 3 1/2 Jahren

Vorbereitung:
Herstellung der Korkenstempel und Stempelkissen

Mit einer scharfen Schere schneiden die Kinder ein Stück weißen Stoff zu (ca. 30 x 30 cm). Für Stoffdruck eignet sich nur Baumwollstoff oder Leinen, da die Farben abschließend mit einem Bügeleisen sehr heiß fixiert werden müssen. Damit die Stoffkanten später nicht ausfransen, sollten die Eltern die Stoffstücke rundherum mit einer Zick-Zack-Schere ausschneiden. Sollten sie aber keine Zick-Zack-Schere zur Verfügung haben, können die Kinder an allen Seiten des Stoffstückes absichtlich einige Fäden abribbeln, so daß ein kleines Fransendeckchen entsteht.

Als Druckstempel eignen sich leere Garnrollen oder Korkenstempel, in die von den Erwachsenen vorher mit Küchenmessern einfache Motive, wie Dreiecke, Vierecke, Häuser etc., geschnitten werden können. Stempelkissen kann man sehr gut selbst herstellen, indem man aus Schaumstoff, der ca. 1/2 cm dick ist, Kreise zuschneidet, die in die Schraubglasdeckel passen. In die Schraubdeckel wird Stoffmalfarbe gefüllt, die Schaumstoffkreise darauf gelegt und die Farben mit den Korkenstempeln durch den Schaumstoff gedrückt.

Nach all diesen Vorbereitungen kann das Stempeln endlich losgehen. Zur Probe können die Kinder erst auf einen anderen Stoffrest drucken, um herauszubekommen, wie sie die Stempel auf der Stelle etwas hin und her bewegen müssen, damit die ganzen Stempelmotive abgebildet werden. Hierbei macht wirklich die Übung den kleinen Meister. Die fertiggedruckten Stoffdeckchen werden getrocknet und dann zur Farbfixierung von der linken Seite heiß gebügelt, so daß sie später immer wieder ohne jeden Farbverlust in der Waschmaschine gewaschen werden können.

Hinweis:
Sollten Stoffmalfarben beim Stempeln auf die Kleidung geraten, müssen die Kleidungsstücke eine Zeit lang in *kaltem* Wasser eingeweicht, an den entsprechenden Stellen ausgerieben oder ausgebürstet werden und gegebenenfalls mit einem Fleckenmittel behandelt werden. Anschließend können die Sachen wie gewohnt in der Waschmaschine gewaschen werden.

Filzmond und Sterne

Material:
gelber und blauer Filz
Watte
blauer Fotokarton
Klebstoff
Schere
Bleistift
Wäscheklammern
evtl. Stickgarn und Nähnadel

Alter:
ab 4 Jahren

Vorbereitung:
Mond- und Sternschablone aus Pappe anfertigen

Die Kinder übertragen mit Hilfe der Mondschablone zwei Monde auf ein Stück gelben Filz und schneiden sie aus. Nun formen sie eine Rolle aus Watte, deren Länge ungefähr von der einen Mondspitze bis zur anderen reicht. Die Kinder tragen auf den Rand eines Mondes Klebstoff auf, legen die Watterolle in die Mitte und den zweiten Mond darüber. Mit ein paar Wäscheklammern wird die Klebenaht rund um den Mond eine kurze Zeit zusammengepreßt (s.Abb.). Eventuell müssen die Eltern dabei noch etwas Watte nachstopfen oder gegebenenfalls herauszupfen.

Aus blauem Filz schneiden die Kinder zwei Augen aus und kleben ein Auge auf jede Seite des Mondes. Ältere Kinder können ihren Mond anschließend noch mit einer Nähnadel und etwas Stickgarn umstechen. Zum Schluß können noch ein paar Sterne aus blauem Tonpapier ausgeschnitten werden, die zusammen mit dem Mond ins Kinderzimmerfenster gehängt werden können.

Bilderbuchtip:
Mondbärchen, Gisela Kalow, Thienemann Verlag 1993
Der kleine Häwelmann, Theodor Storm, Coppenrath Verlag 1987

Kuschelkissen

Kopfkissenbezüge aus Baumwolle in der Größe von 40 x 40 cm kann man entweder fertig kaufen oder aus einem alten Bettuch, dann auch viel billiger, selbst nähen. Für Stoffdruck eignen sich nur Baumwoll- oder Leinenstoffe, da die Farben abschließend mit dem Bügeleisen sehr heiß fixiert werden müssen, abgesehen hiervon würden synthetische Stoffe die Farben viel zu schlecht annehmen.

In die Kissenbezüge werden Pappen gesteckt, damit die Farben beim Bedrucken nicht von einer auf die andere Stoffseite durchdrucken. Nun können die Kissen von den Kindern in verschiedenen Techniken bemalt oder bedruckt werden.

○ Die Kissen werden von den Kindern mit speziellen Stoffmalstiften bemalt, die in Schreibwaren- oder Bastelgeschäften erhältlich sind. Mit diesen Stiften können die Kinder so auf den Stoff malen, wie sie sonst mit Filzstiften auf Papier malen.

○ Stoffmalfarben aus kleinen Gläsern werden mit einem Borstenpinsel auf den Stoff aufgetragen. Dabei können die Kinder so malen, als würden sie ein einfaches Blatt Papier mit Fingerfarben bemalen.

○ Mit Händedruck lassen sich die Kissen auch sehr schön bedrucken. Hierzu bemalen die Kinder ihre Hände mehrmals hintereinander mit verschiedenen Stoffmalfarben und drucken ihre Hände auf den Kissenbezug. Entweder waschen die Kinder nach jedem Farbauftrag ihre Hände und drucken so nur einfarbige Hände ab, oder aber sie beginnen mit der hellsten Farbe und tragen nach jedem Handabdruck die nächstdunklere Farbe auf die Hände, ohne sich zwischendurch die Hände zu waschen. Dabei vermischen sich die verwendeten Farben interessant miteinander, so daß besondere Farbeffekte entstehen.

○ Die Kissen können von den Kinder auch mit Garnrollen- oder Korkenstempel bedruckt werden, wie es unter *Stoffdruck* beschrieben worden ist.

Die bemalten oder bedruckten Kissen werden getrocknet und dann zur Farbfixierung von der linken Seite heiß gebügelt. Diese Kuschelkissen sind dadurch garantiert waschbar.

Material:
Stoffmalstifte oder Stoffmalfarbe
weißer Baumwollkopfkissenbezug
(40x40 cm)
Pappe
Borstenpinsel
Stempelkissen aus Schraubglasdeckel und Schaumstoff
Garnrollen
Korken
Bügeleisen

Alter:
ab 4 Jahren

Vorbereitung:
Herstellung von Korkenstempeln und Stempelkissen

Material:
bunte Stoffreste
reißfestes Band oder Baumwolle
Schere
evtl. Kreppapier

Alter:
ab 3 1/2 Jahren

Schleuderball

Mit einer scharfen Schere schneiden die Kinder ein Stück Stoff in der Größe von 20 x 20 cm zu. Sie knubbeln Stoffreste zu einer Kugel, die ungefähr so dick wie eine Mandarine ist, und legen diese auf das Stoffquadrat. Mit Hilfe der Eltern spannen sie den Stoff stramm um die Kugel, umwickeln ihn mit einem langen, reißfesten Band (ca. 1,50 m) fest oberhalb der Kugel und verknoten das Band (s. Abb.).

Die Kinder schneiden nun 3 bis 4 cm breite Kreppapier- oder Stoffstreifen in einer Länge von ca. 60 cm zu. Diese Streifen werden in der Mitte gefaltet und einer nach dem andern mit dem reißfesten Band rund um den Hals des Schleuderballes gebunden (s. Abb.). Wenn alle Bänder dort befestigt sind, wird der Rest des langen Bandes so verknotet, daß eine Schlaufe von 30 bis 40 cm als Halteschlaufe bleibt. Dann geht es los. Achtung, denn jetzt wird scharf geschossen!

Spielidee:
Mit ihren Schleuderbällen können die Kinder nun versuchen, besonders hoch oder besonders weit zu werfen; allein oder alle zusammen, durcheinander oder auf ein bestimmtes Zeichen hin. Die Kinder entwickeln schnell eigene Spielideen und Regeln. Am besten läßt es sich natürlich draußen mit den Bällen spielen.

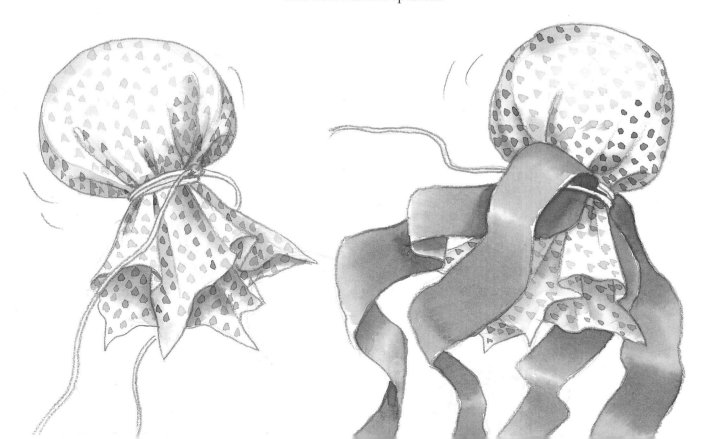

Stofftasche

Kleine oder große unbedruckte Einkaufstaschen können in verschiedenen Geschäften oder in Bastelgeschäften günstig gekauft werden. Diese Taschen können die Kinder, wie oben unter *Stoffdruck* und *Kuschelkissen* beschrieben, in verschiedenen Techniken bemalen oder bedrucken und fixieren. Die kleinen Taschen behalten die Kinder gern für ihre Einkaufsspiele, während sie die großen Taschen gerne verschenken und sich freuen, wenn diese jeden Tag zum Einkauf mitgenommen werden.

Material:
Stoffmalstifte oder Stoffmalfarbe
unbedruckte Stofftasche
Pappe
Borstenpinsel
Bügeleisen

Alter:
ab 4 Jahren

Schneemann

Material:
weiße Pappe
Wachsmalstifte
Watte
Kreppapier
Klebstoff
Schere

Alter:
ab 3 ½ Jahren

Vorbereitung:
Schneemannschablone aus Pappe herstellen

Mit Hilfe der Schablone malen die Kinder einen Schneemann auf die weiße Pappe und schneiden ihn aus. Den Hut malen sie mit einem Wachsmalstift schwarz an. Dann formen sie so viele Wattekugeln, daß sie die Pappschablone damit bedecken können.

Erst wenn die Kinder genügend Kugeln geformt haben, bestreichen sie den Kopf und den Bauch des Schneemanns mit Klebstoff und drücken die Wattekugeln darauf. Aus schwarzen Kreppapierstückchen knubbeln sie Kugeln als Augen und Knöpfe und kleben diese ihrem Schneemann ins Gesicht bzw. auf den Bauch. Für die Nase drehen sie einen orangefarbenen Kreppapierstreifen zu einer kleinen Rolle und kleben diese ebenfalls ins Gesicht. Aus buntem Kreppapier können die Kinder einen kleinen Streifen schneiden, den sie ihrem Schneemann als Schal umbinden. Ganz Eifrige bemalen und bekleben ihren Schneemann sogar von beiden Seiten.

Bilderbuchtip:
Gib die Möhre her, Klaus Bliesener, Anu Stohner, Ravensburger Verlag 1993

Watteschaf

Die Kinder übertragen das Schaf mit dem Bleistift und der Schablone zweimal auf die weiße Pappe und schneiden beide Formen aus. Dann kleben sie die beiden Schafskörper (aber nicht die Beine) aufeinander. Die Beine werden etwas auseinandergebogen, so daß das Schaf stehen kann. Aus Watte formen die Kinder so viele kleine Wattekugeln, daß sie beide Seiten des Schafes damit bekleben können. Nun bestreichen sie den Schafskörper bis auf das Gesicht zunächst von einer Seite mit Klebstoff, legen die Wattekugeln darauf und drücken sie etwas an. Dies wiederholen sie dann auf der zweiten Seite. Mit einem Filzstift malen die Kinder ihrem Schaf noch auf jede Seite ein Auge und einen Mund.

Bilderbuchtip:
Das Traumschaf, Anne Isabelle Le Touzé, Coppenrath Verlag 1995

Material:
Watte
weiße Pappe
Filzstifte
Klebstoff
Bleistift

Alter:
ab 3 Jahren

Vorbereitung:
Schafschablone aus Pappe herstellen

Apfelmännchen

Material:
Apfel
Walnuß
Goldpapier
Pappe für die Schablone
Watte
Streichhölzer
Schere
Filzstifte
Klebstoff
Klebestift

Alter:
ab 4 Jahren

Vorbereitung:
Schablonen für den Mantel und den Hut des Männchens aus Pappe herstellen

Die Walnuß wird als Kopf mit einem Streichholz auf den Apfelbauch gesteckt, so daß die Kinder ihr Männchen schon gut erkennen können. Nun malen sie mit den beiden Schablonen den großen Kreis und den kleinen Halbkreis auf das Goldpapier und schneiden beide Formen aus. Den großen Kreis schneiden sie einmal bis zur Mitte ein und verzieren den Rand mit vielen, kleinen Einschnitten. Die Eltern schneiden im Mittelpunkt des großen Kreises einen ganz kleinen Kreis aus, damit die Kinder ihrem Männchen den Mantel leichter um den Streichholzhals legen können. Die offenen Kanten des Mantels werden hinten etwas übereinandergeschoben und übereinandergeklebt.

Die Kinder zupfen Watte zurecht, die sie ihrem Männchen als Haare und langen Bart ankleben. Aus dem kleinen Halbkreis formen sie mit Hilfe der Eltern einen spitzen Hut (s. Abb.), kleben ihn mit dem Klebestift zusammen und verzieren ihn an der Spitze mit einer kleinen Wattekugel. Den Hut kleben die Kinder mit Klebstoff auf den Kopf des Apfelmännchens. Mit Filzstiften malen sie nun noch ein Gesicht auf die Walnuß, so daß das Männchen sie richtig anlachen kann.

SALZ-MEHL-TEIG - KNETE - TON

Im ersten Teil dieses Buches habe ich in dem Kapitel *Matschen und Formen mit Salz-Mehl-Teig, Knete und Ton* schon viele grundsätzliche Dinge zum Umgang mit diesen drei Knetmassen beschrieben, die für die ersten Erfahrungen der Kinder mit diesen Materialien von Bedeutung sind. In diesem Kapitel möchte ich - darauf aufbauend - weitergehende Tips, Tricks und Anregungen für das Arbeiten mit Salz-Mehl-Teig, Knete und Ton geben.
Es ist deshalb sinnvoll, sich die entsprechenden Kapitel noch einmal anzusehen, bevor Sie sich etwas von den folgenden Arbeiten mit Ihren Kindern vornehmen. Dort befinden sich nämlich auch Hinweise zu Bezugsquellen, Werkzeugen, Verarbeitungstechniken und Rezepten sowie grundsätzliche Anregungen zum Umgang mit den Knetmassen, die zum einen für den Erfolg bei diesen Arbeiten und zum anderen für die Förderung der kindlichen Phantasie und Kreativität gerade bei diesen Angeboten von großer Bedeutung sind.

Das Formen mit Knetmassen sollte immer ein weitgehend freies Angebot sein, auch bei Arbeiten mit Fünf- und Sechsjährigen. Alle anderen Ausführungen sind nur Anregungen, die von den Kindern nachgemacht, abgeändert oder auch abgelehnt werden können. Wenn sie erst einmal mit den Materialien und Techniken vertraut sind, formen sie von sich aus Figuren, Tiere und andere Gegenstände; dazu benötigen sie dann kaum Vorlagen, sondern eher technische Hilfen.

Einige der beschriebenen Arbeiten lassen sich mit verschiedenen Knetmassen erstellen, so daß ich in diesen Fällen unterschiedliche Materialien alternativ zur Auswahl in die Materialliste aufgenommen habe. Im Text habe ich die Arbeit dann jedoch mit dem Material *Ton* beschrieben, da beim Arbeiten mit Ton eher technische Hinweise notwendig sind, die für die anderen Knetmassen ohne Belang sind. Die meisten Kinder entwickeln beim Kneten aufgrund der unterschiedlichen Kneteigenschaften sehr schnell eine Vorliebe für eine bestimmte Knetmasse; aber sie probieren sicherlich gerne alles einmal aus.

Bäckerei und Pizzeria

Material:
Salz-Mehl-Teig oder Knete
Messer
Gabel
Löffel
Holzstäbchen
kleine Kuchenrolle

Alter:
ab 2 1/2 Jahren

Vorbereitung:
Salz-Mehl-Teig mit den Kindern herstellen (Rezept S. 30)

Das schönste und beliebteste Spiel beim Kneten mit Salz-Mehl-Teig ist erfahrungsgemäß das Bäckerei- und Pizzeriaspiel. Die liebste Beschäftigung der Kinder ist offensichtlich das Formen von Kugeln, Brötchen und Brezeln, das Drehen von Würstchen, das Schneiden von Broten und das Backen von Pizzen mit den herrlichsten Zutaten. Mit größtem Eifer bearbeiten die Kinder den Teig mit Händen, Messern, Gabeln und anderen Werkzeugen. Sie klopfen ihn flach, zerrupfen ihn, malen Muster hinein und kneten immer wieder alles zusammen.

Die Eltern werden oft aufgefordert, die wertvollen Produkte zu kaufen und zu probieren. Ein Spiel, das anscheinend beliebig wiederholbar ist. Wie gut, daß sich der Salz-Mehl-Teig im Kühlschrank lange hält! In der Regel kneten die Kinder zum Schluß all ihre Produkte wieder zusammen. Salz-Mehl-Teig kann aber auch im Backofen bei 180°C ca. 15 bis 20 Minuten gebacken werden, so daß die Kinder ihre vielen Brötchen und anderen Leckereien auch einmal richtig backen und diese später immer wieder für Rollen- und Kaufladenspiele nutzen können.

Hand- und Fußabdruck in Ton

Beim Modellieren mit Ton drücken die Kinder gerne die Finger, die Handballen oder die ganze Hand in die Masse. Wenn sie den Abdruck ihrer Hände als Andenken behalten möchten, können sie zunächst eine Tonkugel flachklopfen, so daß eine Platte entsteht, auf die beide Hände mit gespreizten Fingern passen. Sie drücken zunächst eine und dann die andere Hand fest auf die Tonplatte, bis die Konturen der Hände gut und plastisch zu sehen sind. Mit einem Holzstäbchen ritzen die Eltern den Namen des Kindes unter die Handabdrücke und schreiben vielleicht auch das Datum in kleinen Ziffern dazu. Nun bohren die Eltern mit einem Holzstäbchen vorsichtig ein Loch oben durch die Platte, so daß das kleine Kunstwerk nach dem Brennen an die Kinderzimmerwand gehängt werden kann.

Genau wie die Hände lassen sich natürlich auch die Füße in Ton abdrucken, was die Kinder meist noch viel lustiger finden. Solche Hand- und Fußabdrücke sind für die Kinder eine besonders nette Erinnerung; später können sie nicht glauben, daß sie einmal solch eine kleine Hand oder solch einen kleinen Fuß gehabt haben sollen.

Material:
Ton oder Salz-Mehl-Teig
Messer
Holzstäbchen

Alter:
ab 2 ½ Jahren

Vorbereitung:
evtl. Salz-Mehl-Teig mit den Kindern herstellen (Rezept S. 30)

Sternleuchter aus Ton

Material:
Ton
Messer
sternförmige Plätzchenformen
kleine Kuchenrolle
Schwamm
Gabel
Zeitung
Teelichter

Alter:
ab 4 Jahren

Vorbereitung:
Sternschablone aus Pappe anfertigen

Mit der Hand klopfen die Kinder einen Tonklumpen auf dem Tisch flach, nehmen die Tonplatte vom Tisch und legen sie auf ein Stück Zeitung, damit die Tonmasse nicht auf dem Tisch festklebt. Dort rollen die Kinder den Ton mit der Rolle weiter aus, bis sie eine ungefähr 1 cm dicke Platte haben. Hierauf malen sie mit Hilfe der Schablone und einem Holzstäbchen den Stern und schneiden diesen mit einem Messer aus.

Die abgeschnittenen Reste der Tonplatte rollen sie mit der Kuchenrolle noch etwas dünner aus und stechen daraus jeweils zwei oder drei kleine und mittelgroße Sterne mit den Plätzchenformen aus. Diese Sterne rauhen sie von einer Seite mit der Gabel stark auf, befeuchten die aufgerauhte Seite mit den Fingern mit etwas Wasser und drücken sie fest auf den großen Stern, so daß keine Luftbläschen zwischen den beiden Tonschichten bleiben. Zwischen den aufgesetzten Sternen muß so viel Platz gelassen werden, daß später zwei oder drei Teelichter dazwischen gesetzt werden können. Die Kinder streichen mit angefeuchteten Fingern oder mit einem feuchten Schwamm alle Ränder glatt und legen den Sternleuchter zum Trocknen. Tonsachen trocknet man am besten in kühlen Räumen und legt eine feuchte Zeitung darüber, damit sie nur langsam trocknen und nicht reißen. Der Sternleuchter sollte beim Trocknen zusätzlich noch mit einzelnen kleinen Gegenständen beschwert werden (s. *Formen mit Ton*).

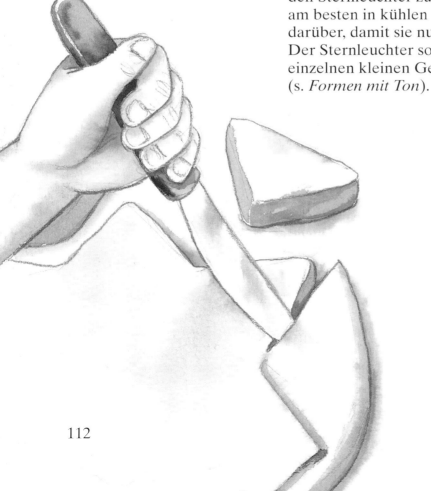

Blätterdruck

Eine besondere Art von *Materialdruck* (S. 116) ist der Blätterdruck. Hierbei formen die Kinder zunächst ein Platte aus Ton, die ca. 1 cm dick ist und auf die das abzudruckende Blatt paßt. Sie legen die Unterseite eines Blattes, welches möglichst starke, auffällige Adern besitzen sollte, auf die Tonplatte, legen ein Küchenbrett darüber und drücken mit dem Brett die Blattumrisse und Adern in die Tonmasse. Dann nehmen sie das Brett und das Blatt vorsichtig ab und können mit Erstaunen feststellen, daß sich das Blatt bis in alle Einzelheiten abgedruckt hat. Nun schneiden die Kinder mit einem Messer das Blatt grob aus und streichen die scharfen geschnittenen Tonränder mit den Fingern etwas glatt. Wenn die Blätterdrucke aufgehängt werden sollen, müssen die Eltern oder Kinder vorsichtig ein Loch in die Tonplatte bohren.

Material:
Ton
frische Blätter
Messer
Küchenbrett

Alter:
ab 4 Jahren

Vorbereitung:
frische Blätter mit starken Adern sammeln

Material:
Ton oder Knete
Messe,
Modellierstäbchen

Alter:
ab 4 Jahren

Tiere und Figuren aus Ton

So wie die Kinder mit Knete gerne Tiere und Figuren herstellen, so beginnen sie auch, mit Ton Figuren zu formen. Die Eltern sollten sie ruhig alle möglichen Tiere und Figuren formen lassen. Solange die Kinder ihre geformten Dinge zum Schluß wieder zu einem Klumpen kneten, können sie alles ausprobieren.

Wenn sie ihre Formen und Figuren allerdings trocknen oder sogar brennen lassen wollen, wird die Arbeit etwas schwieriger. Die Gegenstände müssen dann technisch gut verarbeitet sein, sonst passiert es, daß Teile, die in feuchtem Zustand gut zusammenhielten, nach dem Trocknen wieder auseinanderfallen. Die notwendigen technischen Tricks verstehen nur etwas ältere Kinder. Man sollte sie auch nur Kindern mit etwas Erfahrung zeigen. Die Eltern sollten diese Kinder ermuntern, die Figuren ruhig handgroß zu machen, denn zu kleine Teile lassen sich schwer verbinden. Größer dürfen sie jedoch auch nicht werden, da sie sonst beim Brennen platzen. Die Tonmasse muß gut geknetet werden, damit alle kleinen Luftbläschen aus der Masse weichen, die die Figuren zum Platzen bringen können.

Alle Teile, die verbunden werden sollen, müssen an den zu verbindenden Stellen aufgerauht, mit Wasser angefeuchtet und fest aufeinandergepreßt werden. Bei diesen technischen Tricks müssen die Eltern den Kindern zu Anfang sicherlich helfen. Sie sollten sich ruhig mit den Kindern daranwagen. Viel Spaß!

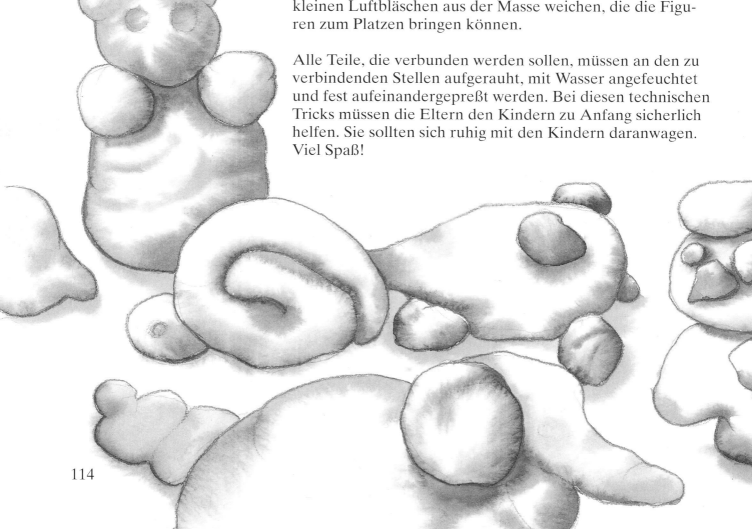

Weihnachtsbaumschmuck

Mit einer Kuchenrolle hantieren Kinder besonders gerne; mit dieser lassen sich sowohl Ton als auch Salz-Mehl-Teig gut bearbeiten. Wenn die Kinder mit Ton arbeiten, sollten sie diesen auf einer Zeitung ausrollen, damit die Formen nicht auf dem Tisch kleben bleiben.

Die Kinder stechen wie beim Plätzchenbacken verschiedene Formen aus und bohren jeweils ein kleines Loch zum Aufhängen hinein. Wenn sie möchten, können sie zusätzlich mit kleinen Stäbchen Muster in die Formen malen oder drucken. Die fertigen Weihnachtsbaumanhänger werden zum Trocknen unter eine feuchte Zeitung gelegt und mit kleinen Gegenständen beschwert (s. *Formen mit Ton*). Wenn die Schmuckanhänger getrocknet oder gebrannt worden sind, können sie mit Geschenkbändern an einen Zweig gehängt werden. Weihnachtsbaumanhänger, die die Kinder aus Salz-Mehl-Teig hergestellt haben, können nach dem Trocknen mit Wasserfarben bemalt werden.

Material:
Ton oder Salz-Mehl-Teig
Zeitung
Messer
Gabel
Ausstechförmchen
Holzstäbchen
kleine Kuchenrolle
Schwamm
Geschenkband
evtl. Wasserfarben

Alter:
ab 4 Jahren

Vorbereitung:
evtl. Salz-Mehl-Teig mit den Kindern herstellen (Rezept S. 30)

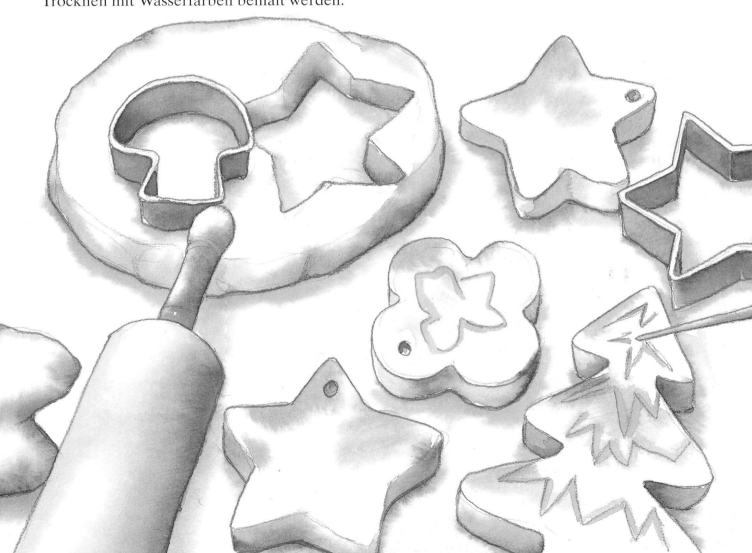

Materialdruck

Material:
Ton
verschiedene Gegenstände
Korken
strukturierte Materialien
Förmchen
Messer

Alter:
ab 3 1/2 Jahren

Wie die Hände und Füße lassen sich natürlich auch alle möglichen Gegenstände und Materialien in Ton abdrucken. So können die Kinder mit Korken, Holzstücken, Plastikdosen, Gabeln, Löffeln und anderen Dingen Muster in eine Tonplatte drucken. Mit Förmchen können sie Figuren eindrucken und mit strukturierter Tapete oder Stoff flächige Muster in die Tonoberfläche zaubern. Diese bedruckten Tonkugeln oder Platten können die Kinder zum Schluß wieder zusammenkneten oder an der Luft trocknen und eventuell sogar brennen lassen (s. *Formen mit Ton*).

Kerzenleuchter aus Ton

Material:
Ton
kleine Holzstäbchen
Nägel
Messer
Kerze

Alter:
ab 3 1/2 Jahren

Die Kinder formen einen Tonklumpen zu einer Kugel, die auf jeden Fall so dick wie eine Mandarine sein sollte. Sie legen die Kugel auf den Tisch und drücken eine Kerze so hinein, daß sie darin stecken bleibt. Durch den Druck auf den Tisch wird die Tonkugel unten abgeflacht. Die Kinder verzieren die Kugel nun mit Hilfe von kleinen Holzstäbchen mit unterschiedlichen Profilen, Nägeln und anderen kleinen Werkzeugen. Sie drücken kleine Punkte, Kreise, Drei- oder Vierecke in den Kerzenleuchter. Die Kerze lassen sie hierbei in der Tonkugel stecken. Erst zum Schluß bewegen sie die Kerze in dem Loch etwas hin und her, um es somit etwas zu vergrößern. Ton verliert beim Brand nämlich Flüssigkeit und schrumpft dadurch; so wird die Kerze nach dem Brand wieder genau in den Kerzenständer passen.

Igelfamilie

Igel lassen sich besonders gut aus Ton herstellen, da die Kinder sie aus einer Tonkugel in der Hand modellieren können. Zunächst formen sie eine Kugel, drücken dann ein spitzes Schnäuzchen aus der Kugel und drucken mit einem Modellierstäbchen kleine Vertiefungen als Augen in den Igel. Den Körper des Igels können sie mit vielen kleinen Einstichen eines Zahnstochers als Andeutung der stacheligen Oberfläche übersäen. Sollen die Igel nicht gebrannt, sondern nur an der Luft getrocknet werden, können die Kinder in die Körper viele kleine Strohhalmstückchen oder abgebrochene Zahnstocherspitzen als Igelstacheln stecken. Besonders schön sieht es aus, wenn mehrere Igel als Familie auf dem Tisch in einer Reihe hintereinander her trippeln.

Material:
Ton oder Knete
Strohhalme oder Zahnstocher
Schere
Messer
Modellierhölzer

Alter:
ab 3 ½ Jahren

Baum aus Ton

Die Kinder rollen mit der Kuchenrolle den Ton ungefähr einen Zentimeter dick auf einer Zeitung aus und malen mit einem Holzstäbchen einen Baum darauf. Die Baumkrone rauhen sie mit der Gabel stark auf und befeuchten die aufgerauhte Fläche mit den Fingern oder mit einem Schwamm mit Wasser. Dann formen sie viele kleine Kugeln, rauhen diese ebenfalls an einer Seite an und drücken sie fest auf die Baumkrone. Die Kugeln müssen gut mit der Baumkrone verbunden werden, da sie sonst beim Trocknen und Brennen herunterfallen.

Wenn die Krone ganz mit Kugeln verziert ist, rauhen die Kinder den Stamm zur Verzierung mit der Gabel etwas auf und bohren ein Loch zum Aufhängen in den Baum. Er wird mit feuchter Zeitung abgedeckt und mit kleinen Gegenständen beim Trocknen beschwert (s. *Formen mit Ton*). Sollten sich beim Trocknen oder beim Brand wirklich einige Kugeln gelöst haben, dann können diese mit einem Keramik- oder Alleskleber wieder angeklebt werden.

Material:
Ton oder Salz-Mehl-Teig oder Knete
kleine Kuchenrolle
Messer
Modellierstäbchen
Gabel
Schwamm
Zeitung

Alter:
ab 4 Jahren

Vorbereitung:
evtl. Salz-Mehl-Teig mit den Kindern herstellen (Rezept S. 30)

WELCHES ANGEBOT IST FÜR WELCHES ALTER DER KINDER GEEIGNET?

Alter/Angebot	Seite	Malen mit	Schneiden von	Kleben mit	verschiedene Techniken
ab 2 Jahren					
Gewitterbild	18	Wachsmalstiften oder Buntstiften			
Klatschbilder	25	Fingerfarben			
Kneten mit Salz-Mehl Teig	30				Formen mit Salz-Mehl-Teig
Malen mit Buntstiften	16	Buntstiften			
Malen mit Fingerfarben	23	Fingerfarben			
Malen mit Wachsmalstiften	17	Wachsmalstiften			
Malen mit Tempera-Wasserfarben	27	Wasserfarben			
Pünktchenbilder	25	Fingerfarben			
Regenbild	18	Wachsmalstiften/ Buntstiften			
Zerreißen von Papier	34				Reißen von Papier
ab 2 ½ Jahren					
Bäckerei und Pizzeria	110				Formen mit Salz-Mehl-Teig oder Knete
Blumenwiese	48	Fingerfarbe und Wasserfarben	Papier	Klebstoff	
Farbenmischzauber	24	Fingerfarben			
Fernglas	77	Fingerfarben			
Filtertütenbatik	46	Wasserfarben			

Alter/Angebot	Seite	Malen mit	Schneiden von	Kleben mit	verschiedene Techniken
Formen mit Knete	31				Formen mit Knete
Handabdruck	23	Fingerfarben			
Hand- und Fußabdruck in Ton	111				Formen mit Ton oder Salz-Mehl-Teig
Kleben von Papier	37			Klebstoff, Kleister oder Tesafilm	
Musikinstrument	78	Wasserfarben		Kleister	Reißen von Papier
Naß-in-Naßmalerei	28	Wasserfarben		Klebstoff	
Papierfahnen	60	Wachsmalstiften oder Wasserfarben		Klebstoff	
Perlenrassel	79			Kleister	Reißen von Papier
Puzzle	67	Fingerfarben	Pappe	Klebstoff	
Schaffnerkelle	69	Fingerfarben	Pappe		
Schatzkiste	83	Wasserfarben oder Wachsmalstiften	Papier	Klebstoff oder Kleister	Reißen von Papier
Schneiden von Papier	35		Papier		
Schneiden von Strohhalmen	36		Strohhalmen		
Schnipseln von Wolle	36		Wolle		
Strohhalmblume	49	Wasserfarben	Papier	Klebstoff	
Zauberbilder	20	Wasserfarben			Malen mit Wachs
ab 3 Jahren					
Aquarium	50	Wasserfarben	Papier	Klebstoff	
Bienenschwarm	58		Papier		Arbeiten mit Pfeifenputzern
Bunter Schmetterling	44		Papier	Klebstoff	Reißen von Papier
Das kleine Gespenst	99	Filzstiften	Stoff		
Filterpapierdeckchen	47	Wasserfarben	Papier		
Formen mit Ton	32				Formen mit Ton

Alter/Angebot	Seite	Malen mit	Schneiden von	Kleben mit	verschiedene Techniken
Frosch	76	Fingerfarben	Pappe	Klebstoff	
Frühlingsbaum	54	Wasserfarben	Papier	Klebstoff	
Geschenkbonbon	83		Papier	Klebestift	
Geschenkpapier	40	Wasserfarben		Klebestift	
Glaswindlicht	56			Kleister	Reißen von Papier
Goldpapiersternleuchter	67		Papier und Pappe	Klebstoff	Reißen von Papier
Große Papprollenraupe	81	Fingerfarben			
Herbstbaum	55	Wasserfarben		Klebstoff	
Kastanienkomet	59		Papier		
Kleistermalerei	28	Wasserfarben			
Konfettilaterne	90		Papier		Lochen und Tackern
Luftballonmännchen	65	Filzstiften	Pappe	Tesafilm	
Nachziehraupe	82	Wasserfarben			
Ostereier	52	Wachsmalstiften und Filzstiften		Klebstoff	Lochen und Einfärben mit Seidenpapier
Ostereiermobile	64	Wachsmalstiften	Pappe	Klebstoff	Reißen von Papier
Osterküken	94		Pappe und Wolle	Klebstoff	
Papptellerhut	74		Pappe und Papier	Klebstoff	Reißen von Papier
Raupe Nimmersatt	71	Fingerfarben			
Rubbelcollagen	19	Wachsmalstiften oder Buntstiften			
Sammel- und Schatzdose	86	Wachsmalstiften oder Wasserfarben	Papier	Klebstoff	
Schmuckgirlanden	41		Papier		
Schmetterlinge aus Filtertüten	51	Wasserfarben	Papier	Klebstoff	
Sonnenkappe	63	Wasserfarben oder Wachsmalstiften	Pappe		
Spiralenmobile	62	Wasserfarben	Pappe		
Tast- und Fühlkisten	84	Wasserfarben	Papier	Klebstoff	Reißen von Papier

Alter/Angebot	Seite	Malen mit	Schneiden von	Kleben mit	verschiedene Techniken
Tischlaterne aus Goldpapier	57		Papier	Klebstoff	
Watteschaf	107		Pappe	Klebstoff	Watte zupfen
Wolligel	95		Pappe und Wolle	Klebstoff	
Zaubern mit Glasmurmeln	28	Wasserfarben			
ab 3 ¹/₂ Jahren					
Dampfer	91	Wasserfarben	Papier	Klebstoff	
Die kleine Hexe	98	Filzstiften	Stoff	Klebstoff	
Eierkartonraupe	92	Wasserfarben	Pappe		
Fliegender Bierdeckel	72	Fingerfarben oder Wasserfarben	Papier		
Igelfamilie	117			Klebestift	Formen mit Ton oder Knete
Kerzenleuchter aus Ton	116				Formen mit Ton
Kleine Tischlaterne	88	Wachsmalstiften	Papier		Bügeln und Tackern
Lustiger Drachen	45	Buntstiften	Papier		Falten von Papier
Marienkäfer	70	Fingerfarbe	Pappe		
Materialdruck	116				Formen mit Ton
Nikolaus	80	Filzstiften	Papier und Pappe	Klebestift	
Obstbaum	44		Pappe	Klebstoff	Reißen von Papier
Schleuderball	104		Stoff und Papier		
Schneemann	106	Wachsmalstiften	Pappe und Papier	Klebstoff	Watte zupfen
Schneemannmobile	66	Wachsmalstiften	Pappe	Klebstoff	
Servietten drucken	60		Stoff		Drucken mit Fingerfarben
Stoffdruck	100		Pappe und Wolle	Klebstoff	Drucken mit Stoffmalfarben
Teddybär	96		Papier		
Transparentpapierlatern	86		Papier	Klebstoff	Tackern
Windspiel	84		Papier	Klebstoff	Tackern

Alter/Angebot	Seite	Malen mit	Schneiden von	Kleben mit	verschiedene Techniken
ab 4 Jahren					
Apfelmännchen	108		Papier	Klebstoff	
Baum aus Ton	117				Formen mit Ton, Knete oder Salz-Mehl-Teig
Blätterdruck	113				Formen mit Ton
Bunte Fische	75	Fingerfarben	Pappe		Tackern
Filzmond und Sterne	102		Pappe und Stoff		Nähen
Krokodil	92	Fingerfarben	Pappe	Klebstoff	Tackern
Kuschelkissen	103	Stoffmalstiften			Malen mit Stoffmalfarben
Löwe	97	Filzstiften	Pappe, Wolle und Stoff	Klebstoff	
Memoryspiel	68	Wasserfarben und Wachsmalstiften	Pappe		Drucken mit Fingefarben
Sternleuchter aus Ton	112				Formen mit Ton
Stofftasche	105	Stoffmalstiften oder Stoffmalfarben			
Tiere und Figuren aus Ton	114				Formen mit Ton oder Knete
Tropfbatik	42	Wasserfarben			Tropfen mit Wachs und Bügeln
Weihnachtsbaumschmuck	115				Formen mit Ton oder Salz-Mehl-Teig

ALPHABETISCHES VERZEICHNIS DER MAL- UND BASTELANREGUNGEN

Seite

Apfelmännchen 108
Aquarium 50

Bäckerei und Pizzeria 110
Baum aus Ton 117
Bienenschwarm........................58
Blätterdruck 113
Blumenwiese 48
Bunte Fische............................75
Bunter Schmetterling................44

Dampfer.................................91
Das kleine Gespenst 99
Die kleine Hexe 98

Eierkartonraupe 92

Farbenmischzauber 24
Fernglas...................................77
Filterpapierdeckchen 47
Filtertütenbatik........................46
Filzmond und Sterne 102
Fliegender Bierdeckel...............72
Formen mit Knete 31
Formen mit Ton 32
Frosch....................................76
Frühlingsbaum 54

Geschenkbonbon......................83
Geschenkpapier........................40
Gewitterbild 18
Glaswindlicht............................56
Goldpapiersternleuchter 67
Große Papprollenraupe.............81

Handabdruck 23
Hand- und Fußabdruck in Ton..111
Herbstbaum 55

Igelfamilie................................117

Kastanienkomet........................59
Kerzenleuchter aus Ton............116
Klatschbilder 25

Kleben von Papier und Pappe ...37
Kleine Tischlaterne 88
Kleistermalerei 28
Kneten mit Salz-Mehl-Teig 30
Konfettilaterne 90
Krokodil...................................92
Kuschelkissen.........................103

Löwe..97
Luftballonmännchen..................65
Lustiger Drachen 45

Malen mit Buntstiften................16
Malen mit Fingerfarben.............23
Malen mit Wachsmalstiften........17
Malen mit Tempera-
Wasserfarben............................27
Marienkäfer.............................70
Materialdruck 116
Memoryspiel.............................68
Musikinstrument.......................78

Nachziehraupe 82
Naß-in-Naßmalerei...................28
Nikolaus...................................80

Obstbaum 44
Ostereier.................................52
Ostereiermobile 64
Osterküken 94

Papierfahnen............................60
Papptellerhut............................74
Perlenrassel 79
Pünktchenbilder 25
Puzzle......................................67

Raupe Nimmersatt 71
Regenbild 18
Rubbelcollagen 19

Sammel- und Schatzdosen.........86
Schaffnerkelle 69
Schatzkiste 83

Schleuderball............................104
Schmetterlinge aus Filtertüten...51
Schmuckgirlanden 41
Schneemann 106
Schneemannmobile 66
Schneiden von Papier................35
Schneiden von Strohhalmen 36
Schnipseln von Wolle 36
Servietten drucken 60
Sonnenkappe............................63
Spiralenmobile 62
Sternleuchter aus Ton 112
Stoffdruck.................................100
Stofftasche 105
Strohhalmblume 49

Tast- und Fühlkisten...................84
Teddybär..................................96
Tiere und Figuren aus Ton 114
Tischlaterne aus Goldpapier 57
Transparentpapierlaterne...........86
Tropfbatik..................................42

Watteschaf 107
Weihnachtsbaumschmuck 115
Windspiel...................................84
Wolligel.....................................95

Zauberbilder 20
Zaubern mit Glasmurmeln..........28
Zerreißen von Papier 34

LITERATURVERZEICHNIS

Kreativer Umgang mit Farbe und Papier

Heller, Eva, Die wahre Geschichte von allen Farben, Lappan Verlag 1995
Seitz, Rudolf, Kinderatelier, Ravensburger Verlag 1986
Seitz, Rudolf, Zeichnen und Malen mit Kindern, Don Bosco Verlag 1995
Wölfel, Karin/ Schrader, Ulrike, Farbspiele mit Kindern, Kösel Verlag 1981

Kinderbücher zum Thema Farbe

Leonni, Leo, Das kleine Blau und das kleine Gelb, Oetinger Verlag 1959
Leonni, Leo, Frederick und die Farben, Middlehauve Verlag 1992
Lohf, Sabine, Lila, Rot und Himmelblau, Ravensburger Verlag 1990
Meyers kleine Kinderbibliothek, Die Farbe, 1991
Rau, Tina, Kennt Ihr Blauland?, ANTex Verlag 1994
Rudebjer, Lars / Sahlbers, Dan- Erik, Das Farbenfest, Ravensburger Verlag 1991
Szesny, Susanne, Alles was bunt ist, Menschenkinder Verlag 1995
Time - Life, Der alte Zauberer Farbenfroh, Time - Life - Books 1992
Vahle, Frederic, Die Farben, Middlehauve Verlag 1985

Bilderbücher zu verschiedenen Bastelanregungen:

Baeten, Lieve, Die kleine Hexe hat Geburtstag, Oetinger Verlag 1995
Bliesener, Klaus, Stohner, Anu, Gib die Möhre her, Ravensburger Verlag 1993
Brülhart, Stefan, Leopold und der Fremde, Verlag pro juventute 1993
Brülhart, Stefan, Krokidol, Verlag pro juventute 1991
Carle, Eric, Der kleine Käfer Immerfrech, Gerstenberg Verlag 1985
Carle, Eric, Die Raupe Nimmersatt, Gerstenberg Verlag 1989
Fechner, Amrei, Ich bin der kleine Löwe, Ravensburger Verlag 1987
Harranth, Wolf, Opgenoorth, Winfried, Da ist eine wunderschöne Wiese,
    Verlag Jungbrunnen 1995
Hissey, Jane, Der alte Bär, Ravensburger Verlag 1986
Hol, Coby, Lena und der Schneemann, Nord-Süd-Verlag 1989
Kalow, Gisela, Mondbärchen, Thienemann Verlag 1993
Le Touzé, Anne Isabelle, Das Traumschaf, Coppenrath Verlag 1995
Meyers kleine Kinderbibliothek, Der Marienkäfer, 1991
Muller, Gerda, Ich bin der kleine Igel, Ravensburger Verlag 1995
Muller, Gerda, Ich habe einen Teddy, Ravensburger Verlag 1991

Pfister, Marcus, Der Regenbogenfisch, Nord-Süd-Verlag 1992
Storm, Theodor, Der kleine Häwelmann, Coppenrath Verlag 1987
Velthuijs, Max, Frosch ist mutig, Lentz Verlag 1995
Wagner, Gerda, Sacré, Marie-Jozé, Der klitzekleine Hase und seine Freunde, bohempress 1993
Wikon, József, Die Löwenkinder, Middlehauve Verlag 1968
Wilhelm, Hans, 1 : 0 für Ralf, Ravensburger Verlag 1985
Zink - Pingel, Elisabeth, Arold, Marliese, Die Geschichte vom kleinen Igel, Herder Verlag 1995

Zur Autorin

Gisela Mühlenberg ist von Beruf Diplom-Pädagogin und Werklehrerin und seit vielen Jahren als Fachbereichsleiterin des Eltern-Kind-Bereiches in der Familienbildungsstätte der Stadt Bochum tätig. Ihre langjährigen Erfahrungen in der Spielgruppenarbeit mit Eltern und Kindern im Alter von 1 bis 4 Jahren haben sie 1992 schon einmal veranlaßt, das Buch *Budenzauber* mit Spiel- und Bewegungsliedern und dazugehöriger Musikcassette im Ökotopia Verlag zu veröffentlichen. Der große Erfolg dieses Buches und die Ermunterung vieler Eltern und Spielgruppenleiterinnen haben sie dazu bewegt, das vorliegende Buch mit Anregungen zum Malen und Basteln für Kinder ab 2 Jahren zu schreiben. Mit tatkräftiger Unterstützung ihrer beiden Kinder Björn und Niko, ihres Ehemannes und der Eltern und Kinder ihrer Spielgruppen ist nun ihr zweites Buch für Spielgruppen, Kindergartengruppen und Eltern mit ihren Kindern zu Hause entstanden.

Ökotopia Spiele- und Buchversand
Der Fachversand für umwelt- und spielpädagogische Materialien

Fordern Sie unser kostenloses Versandprogramm an:
Ökotopia Verlag
Hafenweg 26 · D-48155 Münster
Tel.: (02 51) 48 19 80 · Fax: 4 81 98 29
E-Mail: info@oekotopia-verlag.de

Besuchen Sie unsere Homepage! Genießen Sie dort unsere Hörproben!

http://www.oekotopia-verlag.de
und www.weltmusik-fuer-kinder.de

K. + S. Faller
Kinder können Konflikte klären
Mediation und soziale Frühförderung im Kindergarten – ein Trainingshandbuch

ISBN: 3-936286-03-5

Sybille Günther
Snoezelen – Traumstunden für Kinder
Praxishandbuch zur Entspannung und Entfaltung der Sinne mit Anregungen zur Raumgestaltung, Phantasiereisen, Spielen und Materialhinweisen

ISBN (Buch): 3-931902-94-3
ISBN (CD): 3-936286-07-8

Annegret Frank
Streicheln, Spüren, Selbstvertrauen
Massagen, Wahrnehmungs- und Interaktionsspiele, Entspannungsgeschichten und Atemübungen zur Förderung des Körperbewusstseins

ISBN (Buch): 3-936286-29-9
ISBN (CD): 3-936286-30-2

Monika Schneider
Gymnastik-Spaß für Rücken und Füße
Gymnastikgeschichten und Spiele mit Musik für Kinder ab 5 Jahren

ISBN (Buch incl. CD): 3-931902-03-X
ISBN (Buch incl. MC): 3-931902-04-8

W. Hering
AQUAKA DELLA OMA
88 alte und neue Klatsch- und Klanggeschichten

ISBN (Buch): 3-931902-30-7
ISBN (CD): 3-931902-31-5

Wolfgang Hering
Kinderleichte Kanons
Zum Singen, Spielen, Sprechen und Bewegen

ISBN (Buch incl. CD): 3-925169-90-3
ISBN (nur Buch): 3-925169-91-1
ISBN (MC): 3-925169-92-X

Gisela Mühlenberg
Budenzauber
Spiellieder und Bewegungsspiele für große und kleine Leute

ISBN: 3-925169-41-5
dazu MusiCassette ISBN: 3-925169-63-6

Sabine Hirler
Hämmern, Tippen, Feuerlöschen
Mit-Spiel-Aktionen, Geschichten, Lieder und Tänze rund um die Berufswelt

ISBN (Buch): 3-931902-69-2
ISBN (CD): 3-931902-70-6

Volker Friebel, Marianne Kunz
Meditative Tänze mit Kindern
In ruhigen und bewegten Tänzen durch den Wandel der Jahreszeiten

ISBN (Buch + CD): 3-931902-52-8

M. Beermann - A. Breucker
Tänze für 1001 Nacht
Geschichten, Aktionen und Gestaltungsideen für 15 Kindertänze ab 4 Jahren

ISBN (Buch incl. CD): 3-925169-82-2
ISBN (nur Buch): 3-925169-86-5
ISBN (nur MC): 3-925169-83-0

Volker Friebel, Marianne Kunz
Zeiten der Ruhe – Feste der Stille
Mit Spielen, Geschichten, Liedern und Tänzen: vom Winteraustreiben über Ostern, das Sommerfest und Halloween bis in die Weihnachtszeit

ISBN: 3-936286-01-9

Volker Friebel
Weiße Wolken – Stille Reise
Ruhe und Entspannung für Kinder ab 4 Jahren. Mit vielen Geschichten, Übungen und Musik

ISBN (Buch incl. CD): 3-925169-95-4

Ökotopia Verlag und Versand

Der Fachverlag für gruppen- und spielpädagogische Materialien

Spiele in Gruppen, Lernspiele, Bewegungsspiele, Brettspiele, Kooperative Spiele

Fordern Sie unser kostenloses Programm an:

Ökotopia Verlag
Hafenweg 26 · D-48155 Münster
Tel.: (02 51) 48 19 80 · Fax: 4 81 98 29
E-Mail: info@oekotopia-verlag.de

Besuchen Sie unsere Homepage! Genießen Sie dort unsere Hörproben!

http://www.oekotopia-verlag.de
und www.weltmusik-fuer-kinder.de

Inseln der Entspannung
Kinder kommen zur Ruhe mit 77 phantasievollen Entspannungsspielen

ISBN: 3-931902-18-8

Voll Sinnen spielen
Wahrnehmungs- und Spielräume für Kinder ab 4 Jahren

ISBN: 3-931902-34-X

Toben, raufen, Kräfte messen
Ideen, Konzepte und viele Spiele zum Umgang mit Aggressionen

ISBN: 3-931902-41-2

Auf dem Blocksberg tanzt die Hex'
Spiele, Geschichten und Gestaltungsideen für kleine und große Hexen

ISBN: 3-931902-19-6

Eltern-Turnen mit den Kleinsten
Anleitungen und Anregungen zur Bewegungsförderung mit Kindern von 1 - 4 Jahren

ISBN: 3-925169-89-X

Wi-Wa-Wunderkiste
Mit dem Rollreifen auf den Krabbelberg – Spiel- und Bewegungsanimation für Kinder ab einem Jahr Mit einfachen Materialien zum Selberbauen

ISBN: 3-925169-85-7

Von Kindern selbstgemacht
Allererstes Basteln mit Lust, Spiel und Spaß im Kindergarten und zu Hause

ISBN: 3-931902-84-6

Große Kunst in Kinderhand
Farben und Formen großer Meister spielerisch mit allen Sinnen erleben

ISBN: 3-931902-56-0

Kunst & Krempel
Fantastische Ideen für kreatives Gestalten mit Kindern, Jugendlichen und Erwachsenen

ISBN: 3-931902-14-5

Laß es spuken
Das Gruselbuch zum Mitmachen

ISBN: 3-931902-01-3

Wunderwasser Singen kann doch jeder
Lieder, Tänze, Spiele und Geschichten aus dem Kinderwald

ISBN (Buch): 3-931902-65-X
ISBN (CD): 3-931902-66-8

Alte Kleider – Neue Leute
Mit Schleier bin ich Königin, mit Fahrradhelm ein Astronaut

ISBN: 3-931902-81-1

Kinder spielen Geschichte

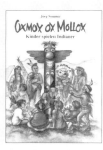

Floerke + Schön
Markt, Musik und Mummenschanz
Stadtleben im Mittelalter
Das Mitmach-Buch zum Tanzen, Singen, Spielen, Schmökern, Basteln & Kochen.
ISBN (Buch): 3-931902-43-9
ISBN (CD): 3-931902-44-7

G. + F. Baumann
ALEA IACTA EST
Kinder spielen Römer
ISBN: 3-931902-24-2

Jörg Sommer
OXMOX OX MOLLOX
Kinder spielen Indianer
ISBN: 3-925169-43-1

Bernhard Schön
Wild und verwegen übers Meer
Kinder spielen Seefahrer und Piraten
ISBN (Buch): 3-931902-05-6
ISBN (CD): 3-931902-08-0

Im KIGA, Hort, Grundschule, Orientierungsstufe, offene Kindergruppen, bei Festen und Spielnachmittagen

Auf den Spuren fremder Kulturen

Die erfolgreiche Reihe aus dem Ökotopia Verlag

H.E. Höfele, S. Steffe
Der wilde Wilde Westen
Kinder spielen Abenteurer und Pioniere
ISBN (Buch): 3-931902-35-8

Wilde Westernlieder und Geschichten
ISBN (CD): 3-931902-36-6

P. Budde, J. Kronfli
Karneval der Kulturen
Lateinamerika in Spielen, Liedern, Tänzen und Festen für Kinder
ISBN (Buch): 3-931902-79-X
ISBN (CD): 3-931902-78-1

Sybille Günther
iftah ya simsim
Spielend den Orient entdecken
ISBN (Buch): 3-931902-46-3
ISBN (CD): 3-931902-47-1

Kinderweltmusik im Internet
www.weltmusik-fuer-kinder.de

H.E. Höfele, S. Steffe
In 80 Tönen um die Welt
Eine musikalisch-multi-kulturelle Erlebnisreise für Kinder mit Liedern, Tänzen, Spielen, Basteleien und Geschichten
ISBN (Buch): 3-931902-61-7
ISBN (CD): 3-931902-62-5

Gudrun Schreiber, Chen Xuan
Zhong guo ...ab durch die Mitte
Spielend China entdecken
ISBN: 3-931902-39-0

D. Both, B. Bingel
Was glaubst du denn?
Eine spielerische Erlebnisreise für Kinder durch die Welt der Religionen
ISBN: 3-931902-57-9

M. Rosenbaum, A. Lührmann-Sellmeyer
PRIWJET ROSSIJA
Spielend Rußland entdecken
ISBN: 3-931902-33-1

G. Schreiber, P. Heilmann
Karibuni Watoto
Spielend Afrika entdecken
ISBN (Buch): 3-931902-11-0
ISBN (CD): 3-931902-12-9

Miriam Schultze
Sag mir, wo der Pfeffer wächst
Spielend fremde Völker entdecken
Eine ethnologische Erlebnisreise für Kinder
ISBN: 3-931902-15-3